Stellwag

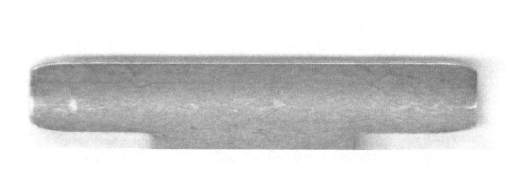

<366377712970017

<366377712970017

DER

INTRAOCULARE DRUCK

UND DIE

INNERVATIONS-VERHÄLTNISSE

DER

IRIS

VOM AUGENÄRZTLICHEN STANDPUNKTE AUS BETRACHTET

VON

PROF. DR. KARL STELLWAG VON CARION

IN WIEN.

WIEN, 1868.

WILHELM BRAUMÜLLER

K. K. HOF- UND UNIVERSITÄTSBUCHHÄNDLER.

VORWORT.

Der intraoculare Druck erregt in neuerer Zeit mehr und mehr das wissenschaftliche und praktische Interesse, indem sich immer klarer die innigen Beziehungen herausstellen, in welchen er zu den Circulations- und Ernährungsverhältnissen der Binnenorgane steht. Es liegt auch bereits eine lange Reihe von physiologischen Versuchen vor, welche die mechanischen Momente desselben, die Bedingungen für einen Wechsel seines Grössenwerthes und dessen Einfluss auf die functionellen und vegetativen Vorgänge im Innern der Bulbushöhle zu erforschen bezweckten. Doch wurden bei diesen Experimenten manche sehr wesentliche Faktoren theils ganz übersehen, theils zu wenig gewürdigt, daher man vielfach zu falschen oder gar sich gegenseitig widersprechenden Schlussfolgerungen gelangte und schliesslich selbst der Begriff des Binnendruckes schwankend wurde. Es schien mir darum zeitgemäss, die sichtende Hand an das übrigens höchst schätzbare Materiale zu legen und, was davon für die Pathologie und Therapie der Augenkrankheiten wichtig ist oder es zu werden verspricht, so gut als möglich in ein logisch gegliedertes Ganzes zu vereinigen. Ich hatte dabei ursprünglich blos meine eigene Belehrung im Auge und fasste den Entschluss zur Veröffentlichung erst, nachdem im Verlaufe der Arbeit sich eine Anzahl wohlbegründeter, zum Theile neuer Resultate ergeben hatte, welche geeignet sind, manches Dunkle in dem sehr verwickelten Thema aufzuhellen, zu weiteren Forschungen anzuregen und überhaupt befruchtend auf die Lehre von den Augenkrankheiten zu wirken. Es hatte sich dabei mehrfach die Nothwendigkeit gezeigt, über das eigentliche Gebiet des intraocularen Druckes hinauszugreifen und insbesondere die Wirkungen der mydriatischen und myotischen Mittel, sowie die Innervationsverhältnisse der Iris in den Kreis der kritischen Untersuchungen einzubeziehen. Ich ging auch um so lieber auf diese Gegenstände ein, als in Bezug auf erstere manche Berichtigung und Ergänzung möglich wurde; betreffs letzterer aber eine Zusammenstellung der mir bekannten, in den verschiedensten Journalen und Werken zerstreuten Versuchsresultate den Ophthalmologen willkommen sein dürfte, indem die Lehre von dem Nerveneinflusse und namentlich von den Functionen des Sympathicus eine früher kaum geahnte und mit dem Fortschreiten der Wissenschaft stetig steigende Wichtigkeit erlangt hat. Damit ist aber auch der Umfang des Aufsatzes so angewachsen, dass dessen Abdruck in einer der mir zugänglichen Zeitschriften unthunlich erschien. Dies, und kein anderer ist der Grund der Veröffentlichung in der etwas anspruchsvollen Form einer Broschüre. Ich würde es lebhaft beklagen, wenn man darin mehr sähe als den Wunsch, meinen Fachgenossen und dem Fache selbst direct oder indirect, durch Anregung zu ferneren eingehenden Untersuchungen, zu nützen.

Wien, im Juli 1868.

Stellwag.

INHALT.

und deren Einfluss auf den Pupillendurchmesser. Sympathische Nerven der Adnexa oculi. Einfluss des Trigeminus und der sensiblen Rückenmarksnerven auf die Irisbewegungen durch Reflexwirkung. Der Sehnerv und dessen Beziehungen zu den Bewegungen der Iris. Reflexcentrum desselben.

Folgerungen. Consensus und Antagonismus in den Innervationsverhältnissen der Iris. Anwendung auf die Wirkungsweise der Mydriatica und Myotica. Die Mydriatica wirken lähmend auf die vom Oculomotorius stammenden Irisnerven, erregend auf die sympathischen Irisnerven. Gründe dafür. Uebermässige Dosen wirken lähmend auf den Irissympathicus. Die Mydriatica sind bei massvoller localer Anwendung in der Bedeutung wahrer Antiphlogistica aufzufassen. Die Myotica wirken erregend auf die dem 3. Paare zugehörigen Irisnerven, lähmend auf die sympathischen Zweige. Gründe dafür. Die Vermittler der charakteristischen Reactionen sind die peripheren Ganglien. Belege dieses Satzes. Schlussresultate.

EINLEITUNG.

Die Augenkapsel (Cornea und Sclera) befindet sich unter
normalen Verhältnissen immer in einem Zustande von Spannung,
indem der Inhalt der stramm gefüllten Bulbushöhle, einschliesslich des in den Binnengefässen strömenden Blutes, einen gewissen Druck auf die Innenwand der Kapsel ausübt. Die auf
eine Maasseinheit der inneren Kapseloberfläche entfallende
Quote dieses Druckes ist das, was man intraocularen oder
Binnendruck nennt.

Die durch den Binnendruck veranlasste Spannung der Kapsel
äussert sich objectiv durch die fühlbare Härte des Bulbus.
Diese Härte nimmt mit der Steigerung des intraocularen Druckes
zu und sinkt mit dessen Verminderung. Doch ist dieselbe keineswegs ein richtiger Werthmesser für den Binnendruck, denn
sie bezeichnet eigentlich nur den Widerstand, welchen die
Kapsel ihrer Ausdehnung entgegensetzt, sagt aber nicht, ob dieser
Widerstand davon herrührt, dass eine an sich dehnbare Kapsel
schon bis zu einem gewissen Grade ausgedehnt ist und darum
eine weitere Ausdehnung schwierig macht, oder ob die Kapsel
an sich wenig nachgiebig ist; sie lässt also nicht unterschei-
den, ob die Höhe des intraocularen Druckes, oder aber die
Rigidität der Kapsel den Widerstand bedingt. Es muss mit
anderen Worten der Augapfel bei der äusserst geringen Com-
pressibilität seines Inhaltes und bei der geringen elastischen
Dehnbarkeit der Kapsel um so härter erscheinen, je weiter die
Dehnung der letzteren bereits gediehen ist und, bei gleichem
intraocularen Drucke, je rigider die Kapsel selbst ist. Es wiederholen sich hier eben ähnliche Verhältnisse, wie bei den arteriellen

Gefässen. Der Puls erscheint um so härter, je grösser der Blutdruck und damit die Spannung der Arterien, bei gleichem Blutdrucke aber, je grösser die Rigidität der Arterienwandung ist.
Man sieht daraus unmittelbar, dass Ophthalmotonometer
(Dor [1]), welche nur den •Widerstand des Bulbus gegen eine von
aussen her drückende Kraft messen, keine geeigneten Instrumente sind, um die Grösse des Binnendruckes zu ermitteln.
Sie können höchstens zur Erörterung von Differenzen in den
Druckverhältnissen beider Augen desselben Individuums benützt werden. Es ist nämlich wohl ziemlich sicher, dass unter
sonst normalen Verhältnissen die elastische Dehnbarkeit der beiden Bulbuskapseln desselben Individuums eine gleiche ist
und unter dieser Voraussetzung darf ein Unterschied in dem
Widerstande gegen einen gleichen äusseren Druck ohne weiters auf eine Differenz im Binnendrucke zurückgeführt werden.
Die wahre Grösse des letzteren wird dadurch aber nicht
bestimmt.
   In Anbetracht dessen hat man sich neuerlich fast durchwegs eigens construirter Manometerröhren bedient, um den
absoluten Werth des intraocularen Druckes annähernd zu ermitteln (Grünhagen [2]), Wegner [3]), Adamiuk [4]). Man glaubte
sich dabei vor groben Irrthümern ziemlich sicher gestellt, wenn
man jeden Ausfluss des Bulbusinhaltes neben dem troikar-
förmigen Einstichsende des in mannigfaltiger Weise gebogenen
Manometers verhütete, also für gute Stopfung sorgte und ausserdem die Aequilibrirung der Flüssigkeitssäule im Manometer
mit der Kammerfeuchtigkeit anstrebte. Es liegt jedoch auf der
Hand, dass die letzte Bedingung kaum zu überwindende Schwierigkeiten bietet. Wird aber das Ende der Manometerflüssigkeits-
säule nicht genau an der inneren Mundöffnung des Stichkanals
erhalten, dringt etwas vom Bulbusinhalte in das Rohrende oder
umgekehrt aus diesem in den Augapfelraum, ist also der Druck
der Flüssigkeitssäule im Manometer nicht genau im Gleichgewicht mit dem auf den Querschnitt des Rohrendes wirkenden
intraocularen Drucke, so hat man offenbar nicht mehr den

---

[1] Dor, Klin. Monatbl. 1865. S. 351; Arch. f. Ophth. XIV. 1. S. 13.
[2] Grünhagen, Zeitschft. f. rat. Med. 28. Bd. S. 238; Centrabltt. 1866.
S. 526.
[3] Wegner, Arch. f. Ophth. XII. 2. S. 12.
[4] Adamiuk, Centralbltt. 1866. S. 562, 1867. S. 434.

wahren Binnendruck, dieser erscheint erhöht oder verringert, auch wenn alle anderen Verhältnisse völlig unverändert geblieben wären. Aendern sich nun diese Verhältnisse gar unter dem operativen Eingriffe, so ist der Fehler natürlich ein um so grösserer.

Dem entsprechen denn auch die mit dem Manometer erzielten Resultate. Man fand den absoluten Werth des Binnendruckes bei einander sehr ähnlichen Thieren derselben Art und desselben Alters und bei gleich vorsichtigem Gebahren mit dem Instrumente innerhalb so enorm weiten Grenzen schwankend (Grünhagen l. c. 241, Wegner l. c. S. 15), dass jede Illusion über die Richtigkeit des Gefundenen zerstört wird.

Dazu kömmt, dass sich die zur Berechnung des Binnendruckes dienenden Werthe nicht unmittelbar an der Manometersäule ablesen lassen, dass vielmehr constant beim Einführen des Rohres in den Bulbus ein starkes Steigen der Flüssigkeit stattfindet und dann nach Ablauf einiger Zeit ein starkes Sinken folgt, worauf erst die Säule so weit zur Ruhe kömmt, dass eine annähernd richtige Aequilibrirung möglich ist. Nun aber machen sich sehr auffällige Pulsschwankungen bemerklich, welche mit dem Herzschlage und der Respiration isochron sind und einer verlässlichen Erörterung des wahren Binnendruckes neue Schwierigkeiten bereiten (Grünhagen l. c. S. 244, Adamiuk l. c.).

Zeigen nun schon diese excursiven Pulsschwankungen, dass die Verhältnisse im Inneren des Auges eine gründliche Veränderung durch den operativen Eingriff erlitten haben: so geht dies noch evidenter aus dem Umstande hervor, dass die Pupille sich im Momente der Einführung des Manometers sehr verengert, auch wenn das Auge vorläufig stark atropinisirt worden wäre, und verengert bleibt (Grünhagen l. c.). Es tritt also dieselbe Erscheinung ein, welche auch sonst bei Eröffnung des Bulbus und Ausfluss eines Theiles seines Inhaltes constant zur Geltung kömmt, und es liegt sehr nahe, die Pupillenverengerung nach Einführung des Manometers auf einen gleichen Grund zurückzuführen, das Steigen der Flüssigkeitssäule im Rohre demnach durch den Austritt des Humor aqueus in den Manometer zu erklären, mit anderen Worten: die Erscheinungen dahin zu deuten, dass die Flüssigkeitssäule im Instrumente meistens nur einen kleinen Theil des elastischen Gegendruckes ersetzt, welchen die Bulbuskapsel in voller Integrität auf den Inhalt des Bulbus normaliter ausübt.

Memorski [1]) und theilweise auch Völckers - Hensen [2]) haben die mit dem Gebrauche des Manometers verknüpften Unzukömmlichkeiten bereits angedeutet. Der Erstere empfiehlt (l. c. S. 111), gestützt auf die Annahme, dass der Blutdruck im Bereiche der oberen Hohlvene allenthalben, also auch in den intra- und extraocularen Venen ein gleicher sein müsse, den Binnendruck mittelbar dadurch zu bestimmen, dass man den Blutdruck einer Halsvene vor und nach deren Verschluss misst und dann die Differenz der beiden Werthe gleich dem intraocularen Drucke setzt.

Es ist noch fraglich, ob diese Methode verlässlichere Resultate liefert. Sei dem wie es wolle, die Bestimmung des intraocularen Druckes nach Zahlenwerthen ist nach dem Gesagten ein dermalen noch nicht gelöstes Problem. Man muss sich daher damit begnügen, die Verhältnisse zu ermitteln, unter welchen ein relatives Steigen und Fallen des Werthes stattfinden kann, um daraus möglicher Weise Prämissen zu gewinnen, welche einen Schluss auf die physiologischen Bedingungen des intraocularen Druckes gestatten, und damit auch die Frage praktisch zu verwerthen versprechen. Um Schwankungen zu constatiren, reichen Manometer jedenfalls aus.

Zu den Verhältnissen, welche auf die Höhe des intraocularen Druckes Einfluss nehmen, gehört vorerst die Spannung der äusseren Augenmuskeln.

Einfluss der äusseren Augenmuskeln.

Es kommen in dieser Beziehung zuerst die sechs animalischen Muskeln des Bulbus und der Kreismuskel der Lider in Betracht. Da dieselben den Augapfel in Bögen umspannen, können sie schon vermöge ihres natürlichen Tonus einen gewissen Druck auf den Bulbus ausüben, und dieser Druck muss durch den incompressiblen Augapfelinhalt nothwendig auf die äussere Kapsel übertragen, letztere also in eine vermehrte

---

[1]) Memorski, Arch. f. Ophth. XI. 2. S. 108.
[2]) Völckers und Hensen, Experimentaluntersuchungen etc. Kiel. 1868. S. 40·

elastische Spannung versetzt werden. Willkürliche oder krampf-
hafte Zusammenziehungen mehrerer antagonistischen oder
aller genannten Muskeln werden den Druck selbstverständlich
steigern. Die praktische Erfahrung gibt in der That zahlreiche
Belege für die Richtigkeit dieser theoretischen Forderung an die
Hand. Am schönsten und so zu sagen graphisch spricht sich die
Druckwirkung jener Muskeln in der Faltung atrophischer
Augäpfel aus.

Es handelt sich hierbei übrigens nicht blos um einen activen Seitendruck, sondern auch um den Widerstand, welchen das Fettpolster der
Orbita dem Zuge der Augenmuskeln oder vielmehr dem dadurch angestrebten
Rückwärtsweichen des Bulbus entgegenstellt. Es geht die Resultirende der
sechs äusseren Bulbusmuskeln bekanntlich nach hinten und innen, daher sich
denn auch an atrophirten Augäpfeln ausser der Verkürzung des Diameter
anteroposterior eine sehr auffällige Verflachung des hinteren inneren und
eine eben so auffällige Vorbauchung des vorderen äusseren Umfanges bemerklich macht. Dass das passive Druckmoment unter Umständen ein sehr
bedeutendes werden könne, lässt sich bei Operationen an ängstlichen Kranken
ermessen, welche die Augenmuskeln krampfhaft spannen. Es tritt dabei mitunter der Bulbus sichtlich zurück, während die Bindehaut ringsum von dem
vordrängenden orbitalen Fettpolster in mächtigen Wülsten heraus gestülpt wird.
Anderseits soll nach Coccius (Der Mechanismus der Accommodation. Leipzig.
1868. S. 26.) bei Oculomotoriuslähmung und nach Durchschneidung der sechs
Augenmuskeln behufs der Enucleatio bulbi ein Vortreten des Augapfels nachweisbar sein, ohne dass immer Schwellung der Gewebe von hinten her als Ursache
anerkannt werden könnte, was sich leicht erklären lässt, wenn man die An-
gabe Sappey's (Gaz. med. de Paris. 1867. S. 681) ins Auge fasst, nach
welcher eine Anzahl organischer Muskelbündel von der Orbitalwand zur
Fascia tarsoorbitalis geht und, indem sie letztere nach rückwärts zieht, den
Raumgehalt der Augenhöhle vermindert, also einen schwachen Druck auf das
Fettgewebe und mittelbar auf den Bulbus ausübt. Bei Säugethieren, deren
Orbita nur theilweise von Knochenwänden umschlossen wird, ist das Vor- und
Zurücktreten des Augapfels sogar sehr excursiv und wird, wie die Folge lehren
wird, theilweise durch besondere Muskeln vermittelt.

Coccius stützt sich auf jene Beobachtungen und glaubt dem Muskel-
drucke sogar einen erheblichen Einfluss auf den jeweiligen Accommoda-
tionszustand des Auges und umgekehrt zuschreiben zu dürfen. Er erklärt es
nämlich für eine bekannte Thatsache, dass bei vielen Menschen die Augen beim
Nahesehen etwas vorrücken, beim Fernesehen etwas zurücktreten
(l. c. S. 53) und stellt sich vor, dass der Bulbus beim Fernesehen durch die
Wirkung der geraden Augenmuskeln und durch den Druck des Orbicularis
palpebrarum nach hinten gedrängt und zugleich von vorne nach hinten ab-
geflacht werde; beim Nahesehen hingegen unter Entspannung dieser Muskeln
durch die überwiegende Thätigkeit der Obliqui etwas nach vorne gezogen
(l. c. S. 85) und durch die Contraction des Ciliarmuskels verlängert werden
könne. Er greift damit auf längst widerlegte Hypothesen zurück und stellt sich

mit seinen Behauptungen den sorgfältigen Messungen entgegen, welche von
Young, Helmholtz (Physiol. Optik. S. 112, 116), Cramer (Het accommodatievermogen. Haarlem. 1853. S. 37, 45), Donders (Anomalien der Refrac-
tion etc. Wien. 1866. S. 17) und Anderen mit den genauesten Instrumenten
ausgeführt worden sind und mit aller wünschenswerthen Verlässlichkeit die
Unveränderlichkeit des Ortes und der Krümmung der Hornhaut bei
den verschiedensten Accommodationszuständen des Auges verbürgen. Dazu kömmt
dass die überwiegende Innervation der beiden Obliqui beim Nahesehen den
modernen geläuterten Anschauungen über die Bewegungen der Augen und über
die Associationsverhältnisse der einzelnen Muskeln widersprechen.

Ausserdem können die an den Accommodationswechsel geknüpften Con-
vergenzstellungen der Augen an und für sich unmöglich die effective
musculare Druckwirkung in erheblichem Grade ändern, da die Gesichtslinie
jedes einzelnen Auges bei horizontalen Seitenbewegungen des fixirten Ob-
jectes dieselbe Bahn durchläuft und in die verschiedensten Neigungen zur Me-
dianebene gelangt, ohne dass sich ein Wechsel des Accommodationszustandes
und eine Verrückung des Drehpunktes (Donders l. c. S. 159) bemerklich macht.
Noch mehr, Förster (Klin. Monatblätter 1864. S. 368) sah an einem Auge,
welches wegen Hypopyum paracentesirt worden war, die Hornhaut in der Mitte
einsinken und diese Vertiefung beim Fernesehen sich ausgleichen, beim Nahesehen aber zunehmen, während horizontale und senkrechte Excursionen der
Gesichtslinie nicht den mindesten Einfluss auf deren Gestalt und Grösse
nahmen.

Es ist das mechanische Moment dieser Drucksteigerung offenbar etwas Aeusseres, Hinzugekommenes und je nach den Innervationsverhältnissen der Gesammtmusculatur des Auges Schwan-
kendes. Obwohl dasselbe bei der Schlussrechnung als ein
wichtiger Factor einbezogen werden muss, thut man doch gut,
seinen Einfluss bei der Untersuchung vorderhand zu eliminiren, um die
ohnehin sehr complicirten Verhältnisse möglichst zu vereinfachen.
Zu diesem Behufe werden neuerer Zeit die den Experimenten
zu unterwerfenden Thiere fast allgemein mit Curare vergiftet,
welches bekanntlich die animalischen Muskeln des Körpers lähmt.

Man glaubt unter so bewandten Umständen auf manometrischem Wege Werthe für den intraocularen Druck zu erhalten,
welche lediglich auf Druckkräfte zu beziehen sind, die von
innen her auf die Bulbuskapsel wirken. Doch täuscht man
sich hierin sehr gewaltig, wie schon Grünhagen[1]) angedeutet hat.

Ausser den animalischen Muskeln der Orbita und Lider
kommen bei Säugethieren, welche vornehmlich zu Experimenten
verwendet werden, nämlich noch mächtige Lagen organischer

---

[1]) Grünhagen, Zeitschft. f. rat. Med. 28. Bd. S. 248.

glatter Muskelfasern in Betracht, welche von H. Müller[1]) entdeckt und von Harling[2]) und Sappey[3]) des Nähern beschrieben worden sind. Dieselben stehen unter der Herrschaft des Sympathicus und in antagonistischem Verhältnisse zu den vom Oculomotorius beeinflussten Muskeln, wie schon die Versuche von Petit, Schiff[4]), Budge[5]), Trautvetter[6]) u. A. mit Bestimmtheit erkennen lassen. Sie büssen durch Curare ihre Wirksamkeit nicht ein.

Von minderer Bedeutung sind der obere und untere organische Lidmuskel, welche den genauen Anschluss der Fascia tarsoorbitalis an den Bulbus vermitteln und damit einen jedenfalls nur geringen Druck auf den Augapfel auszuüben vermögen. Dasselbe gilt von den zerstreuten Sappey'schen Bündeln.

Dagegen ist der Musculus orbitalis von sehr grossem Einfluss bei den Thierarten, welche den Experimenten zur Erforschung des Binnendruckes unterworfen zu werden pflegen. Seine Contraction genügt unter Mitwirkung der mit elastischen Elementen reich ausgestatteten Membrana orbitalis, um den Raumgehalt der Orbita um ein Bedeutendes zu verkleinern und den Bulbus in auffälliger Weise nach vorne zu drängen, also einen mächtigen Druck auf den Augapfel und das umgebende Orbitalgewebe auszuüben.

Die Orbita ist bei Thieren nämlich nicht, wie beim Menschen, eine blos nach vorn offene, sonst aber nach allen Seiten von Knochenwänden umschlossene Höhle, sondern mehr eine Knochengrube, indem die die äussere Wand der menschlichen Orbita bildenden Knochentheile fehlen und auch jene der oberen und unteren Wand verhältnissmässig weniger entwickelt sind. Demzufolge erweitert sich die Fissura orbitalis inferior zu einer sehr grossen, ungefähr dreieckigen Oeffnung, welche ihre Spitze nach hinten gegen das Foramen opticum kehrt und an ihrer nach vorne und aussen gewendeten Basis von dem betreffenden Theile des Orbitalringes begrenzt wird. Diese Oeff-

---

[1]) H. Müller, Würzburger Verhdlgn. IX. S. 244, Zeitschft. f. wiss. Zoologie IX, S. 541.

[2]) Harling Zeitschft. f. rat. Med. 24. Bd. S. 275, 277, 293.

[3]) Sappey, Gaz. med. de Paris 1867, S. 681.

[4]) Schiff, Untersuchg. z. Phys. des Nervensyst. Frankfurt 1855. S. 148.

[5]) Budge, Ueber die Bewegung der Iris, Braunschweig 1855, S. 105, 120.

[6]) Trautvetter, Arch. f. Ophth. XII. 1. S. 121.

nung nun wird durch die Membrana orbitalis, welche eine
Fortsetzung des Periostes der umliegenden Knochen ist, scheide-
wandartig bis auf einzelne für Gefässe und Nerven bestimmte
Löcher von der Schläfen- und Flügelgaumengrube abgeschlossen.
Die Orbitalmembran präsentirt sich, da sie von dem
Bulbus und dem Orbitalgewebe stark nach aussen gebaucht wird,
unter der Form eines dreieckigen Stückes von einem Kegel-
mantel. Am Uebergange des vorderen in das mittlere Dritt-
theil erscheint sie quer, d. i. parallel der Basis eingeschnürt,
in Folge der Wirkung einer mächtigen Lage organischer Muskelfasern, welche zumeist der äusseren, zum geringeren Theil
der inneren Wand aufliegen, aber auch in der Dicke der Membran selbst streichen und deren Gewebe stellenweise vollständig er-
setzen d. i. als continuirliche Schichte gleichsam eingeschaltet
sind. Es haben diese Fasern weitaus überwiegend eine der Basis
der Membran annähernd parallele Richtung und stellen demnach
in ihrer Gesammtheit einen unvollständigen, sehr breiten und
auch ziemlich dicken Ringmuskel vor. Sie erreichen nirgends
den Knochen, sondern gehen an beiden Enden in ein sehr reiches
elastisches Netzwerk über, welches an den betreffenden Stellen
die sonst fibröse Textur der Membran ersetzt. Ausserdem finden
sich in geringerer Anzahl organische Muskelfasern, welche in der
Längsrichtung der Membran streichen und den Ringmuskel
durchkreuzen (Harling l. c. S. 277).

Die Wirkung des Orbitalmuskels ist bei Thieren offenbar jener der Geraden und des Retractor bulbi entgegengesetzt. Contrahiren sich diese, so wird der Bulbus nach hinten
gezogen und die Membrana orbitalis stärker nach aussen gebaucht.
Wirkt nun der Orbitalmuskel, so wird letztere wieder ab-
geflacht und der Bulbus nach vorne getrieben, wobei auch
die Längsfasern mithelfen. Ist aber der Ringmuskel
stark contrahirt und demgemäss die Membran eingeschnürt, so werden die Längsmuskeln die Membran vom
Bulbus abheben, die Capacität der Orbita wieder etwas vergrössern und ein kleines Zurückweichen des Bulbus gestatten (Harling l. c. S. 293). Dem entsprechen denn auch die
Ergebnisse der physiologischen Experimente. Es steht fest,
dass Reizung des Oculomotoriusstammes in der Schädelhöhle
(Budge l. c. S. 120, Trautvetter l. c. S. 121), so wie Durchschneidung des cervicalen Grenzstranges (Petit, Schiff l. c.

S. 148, B u d g e l. c.) ein Z u r ü c k t r e t e n des Bulbus in die Augenhöhle, Reizung des Halssympathicus (S c h i f f l. c.) hingegen ein starkes V o r d r ä n g e n des Bulbus zur Folge hat.

Beim M e n s c h e n, wo nur R u d i m e n t e des Orbitalmuskels vorkommen, welche der Verschlussmembran der unteren Augenhöhlenspalte auflagern und überwiegend eine s a g i t t a l e Richtung einhalten, kann deren Contraction nur einen s e h r g e r i n g e n Einfluss auf die L a g e des Bulbus und die C a p a c i t ä t d e r O r b i t a ausüben (H a r l i n g l. c. S. 294) und auch dies nur unter der Voraussetzung, dass nach S a p p e y's (l. c.) Angabe eine Anzahl von Bündeln bis zur F a s c i a t a r s o o r b i t a l i s reicht und diese nach rückwärts zu ziehen vermag. Bei S ä u g e t h i e r e n hingegen, welche vornehmlich zu Experimenten dienen, müssen die wechselnden Spannungszustände des mächtigen Orbitalmuskels den Druck, welcher von a u s s e n her auf den Bulbus wirkt, w e s e n t l i c h zu beeinflussen im Stande sein. D u r c h s c h n e i d u n g und überhaupt Lähmung des cervicalen Grenzstranges muss denselben unter sonst g l e i c h e n Verhältnissen bedeutend h e r a b s e t z e n, directe und reflectirte Reizung des genannten Nerven ihn aber e r h ö h e n.

Indem jedoch die organischen Muskeln der Orbita und Lider n i c h t d i r e c t auf den Bulbus wirken, sondern durch Vermittelung des gefässreichen O r b i t a l g e w e b e s, so liegt es auf der Hand, dass die e f f e c t i v e D r u c k w i r k u n g auch von dem Zustande d i e s e s P o l s t e r s, von dessen grösserer und geringerer Entwickelung, insbesondere aber von der jeweiligen Blutfülle seiner G e f ä s s e und dem darin herrschenden B l u t d r u c k e abhänge[1]). Bei g l e i c h e r Spannung des Orbitalmuskels werden H y p e r ä m i e n, vornehmlich v e n ö s e S t a u u n g e n im Gebiete der Augenhöhle, z. B. beim W ü r g e n, ja sicherlich auch die H e r z s y s t o l e und der E x s p i r a t i o n s d r u c k die e f f e c t i v e Wirkung s t e i g e r n,

---

[1]) In Betreff der oben angedeuteten physiologischen E x p e r i m e n t e dürfte es gut sein, daran zu erinnern, dass nicht nur der Orbitalmuskel, sondern auch die G e f ä s s m u s k e l n vom Sympathicus innervirt werden, dass sonach Durchschneidung und Reizung des cervicalen Grenzstranges in b e i d e n gleicher Weise eine E r s c h l a f f u n g oder beziehungsweise Z u s a m m e n z i e h u n g veranlassen, mit anderen Worten: dass R e l a x a t i o n des Orbitalmuskels mit E r w e i t e r u n g, C o n t r a c t u r desselben mit V e r e n g e r u n g des orbitalen Stromgebietes einhergeht, daher die Einzelwirkungen dieser Eingriffe sich rücksichtlich des Druckes, welchen der Augapfel dabei erleidet, theilweise c o m p e n s i r e n können.

Blutleere hingegen dieselbe schwächen, gleichviel ob erstere
die Theilerscheinung eines allgemeinen Leidens oder durch locale
Ursachen bedingt ist. Unzweifelhaft machen sich diese Verhältnisse
sogar beim Menschen, dessen Orbita in Bezug auf Räumlich-
keit nahezu unveränderlich ist, geltend und vermögen die Belastung des Auges innerhalb gewisser Grenzen zu variiren. Man
hat hierauf im Ganzen noch wenig Rücksicht genommen, obwohl
die praktische Erfahrung genugsam Belege für die Richtigkeit
dieser Anschauung liefert.

So wichtig indessen diese Momente sind, so erklären sie
doch nur Schwankungen des intraocularen Druckes, nicht aber
diesen selbst. Die mechanischen Bedingungen des Binnendruckes müssen jedenfalls in Kräften gesucht werden, welche im
Inneren des Bulbus selber wirken. Bewahrt doch die unverletzte
Kapsel des aus der Orbita ausgeschälten Auges eine gewisse
Spannung als Ausdruck ihrer Belastung von innen her. Es kommen
insoferne die Binnenmuskeln des Auges in Betracht.

Einfluss der Binnenmuskeln des Auges.

Wenn man die anatomischen Verhältnisse der Iris und
des Ciliarmuskels näher ins Auge fasst, so scheint es in der
That, als ob dieselben einen merklichen Einfluss auf die Höhe
des intraocularen Druckes auszuüben im Stande wären. Beide
Organe sind nämlich an der Randzone der Cornea und Sclera
befestigt. Die Regenbogenhaut haftet mittels des Lig. pecti-
natum ringsum am Randfasernetze der Descemeti. Der Ciliarmuskel hingegen entspringt als ein dreikantiger Ring an der
äussersten Cornealgrenze. Der Ansatz wird durch bindegewebige
Platten vermittelt, welche der Hauptmasse nach sich continuirlich in die eigentliche Hornhautsubstanz fortsetzen und
nur zum kleinen Theile in die Descemeti und in das hinter
dem Schlemm'schen Canale gelegene Scleralgewebe übergehen
(E. Schultze[1]). Von diesem Ursprungsringe strahlen die Fasern des
Ciliarmuskels fächerförmig aus. Die äussersten Bündel des
Muskels ziehen alle streng meridional, schliessen dicht an einander und sind von der Sclera nur durch eine dünne Binde-
gewebslage getrennt, welche eine Fortsetzung der Fusca darstellt

---

[1] E. Schultze, Arch. f. mikr. Anatomie III. S. 477, 492.

und mitunter noch etwas Pigment führt. Nach innen hin lösen sich die Fasern von der äusseren Muskelplatte mehr ab, streichen gerade nach hinten oder gar nach hinten innen, fächerförmig auseinander fahrend und sich verflechtend. In der Mitte des Geflechtes geht die Richtung der Fasern aus der meridionalen in die circulare (Breitenrichtung) über und wird eine rein circulare in den starken Zügen der vorderen schmalen und der nach innen und hinten gewandten breiten Seite des im senkrechten Durchschnitte dreieckigen Muskelkörpers (E. Schultze l. c. S. 491). Die Kreisfasern drängen sich an diesen Grenzen des Muskels wieder dicht aneinander, das lockere Bindegewebe des mittleren Flechtwerkes nimmt an Masse sehr ab und so werden compacte musculare Platten gebildet, welche den Muskelkörper nach vorne innen und hinten innen von dem bindegewebigen Gefüge der Ciliarfortsätze streng flächenartig absetzen. Man kann den Muskel daher seinem Durchschnitte nach als ein fast rechtwinkeliges Dreieck betrachten, dessen Hypothenuse von einer Platte meridionalziehender, die beiden Catheten jedoch von zwei Platten circularer Faserbündel dargestellt werden, während der davon eingeschlossene Raum von einem lockeren Flechtwerke muscularer Bündel und von zwischengelagertem Bindegewebe erfüllt wird. Die Müller'schen Kreisfasern liegen an der Vorderseite des Muskels, sind durch die Stärke ihrer Bündel und durch grössere Isolirung ausgezeichnet und sowohl unter einander als mit dem Hauptkörper des Muskels netzförmig verbunden. Sie sind also nicht in den Lücken und Maschen zwischen den Längszügen zu finden, sondern stellen ein den Muskel an der ganzen vorderen inneren Seite umziehendes Balkenwerk dar, welches in ganz gleicher Weise an der Randzone der Cornea entspringt (E. Schultze l. c. S. 494). Wirkt der ganze Muskel auf einmal, so wird die vordere Chorioidalgrenze nach vorne und innen, die vordere und innere Randpartie des Corpus ciliare aber gerade nach innen gezogen, was nothwendig eine Entspannung der Zonula mit sich bringt (E. Schultze l. c. S. 495—497).

Es versteht sich nun wohl von selbst, dass der Muskel nicht blos auf seine beweglichen Ansätze, sondern auch auf den fixen Ursprungskreis einen seinem jeweiligen Spannungszustande proportionirten Zug ausübt. Folgerecht sollte der Ursprungskreis bei einer kräftigen Contraction des Muskels concentrisch verengert werden. Da aber mit dem Ciliarmuskel

immer auch der Sphincter pupillae innervirt wird und die
nach vorne gewölbte Iris über der Linse spannt, sollte man weiters
glauben, dass der von der Ader- und Regenbogenhaut umschlossene Theil des Bulbusinhaltes bei der Contraction der
genannten Muskeln unter einen erhöhten Druck gerathen
müsse, welcher sich dann nothwendig auch der äusseren Kapsel
mittheilt. In der That fehlt es nicht an Gründen, welche eine
solche Annahme zu stützen vermögen.

In Bezug auf den Irisdruck lässt sich eine Erfahrung
Cramer's [1] geltend machen. Dieser hat bei seinen Experimenten
an Seehundsaugen gefunden, dass die Pupille bei einer, längere
Zeit hindurch mittelst electrischer Ströme unterhaltenen Spannung der Iris sich an der vorderen Linsenfläche vollkommen ab-
drückt, so dass die Kapsel innerhalb der Lichtung des Sphincters in Gestalt einer Erhöhung hervortritt.

Für die concentrische Zusammenschnürung der
vorderen Scleralgrenze sprechen Versuche von Völckers-Hensen [2]. Wurde ein Stück des Ciliarmuskels und des
dahinter gelegenen Aderhautsegmentes durch ein in der Sclera
ausgeschnittenes Fenster blosgelegt, und dann die Ciliarnerven
gereizt, so sank der Muskel ein, während gleichzeitig der frei-
gelegte Theil der Chlorioidea sich vorwölbte. Wenn man das
Auge spaltete, zeigte sich, dass bei der Reizung die Corneal-
schnittfläche nach innen gebuchtet ward. Trug man am sonst unverletzten Auge die Cornea bis auf einen 2 Millim. breiten peripheren Saum ab, so ward dieser bei der Contraction des Muskels stark nach innen gezogen. Trennte man ein kleines Stückchen
der Cornea so heraus, dass es nur noch durch das Lig. pectina-
tum mit dem Muskel in Zusammenhang blieb, so vermochte der
Muskel dies Stück ganz zu sich heranzuziehen.

Für die Erhöhung des Druckes im Glaskörper
lässt sich ausser einer directen manometrischen Messung Völckers-Hensens [3] eine Beobachtung von Coccius [4] anführen,
nach welcher bei accommodativer Spannung des Ciliarmuskels
die Netzhautgefässe dünner und blässer, beim Ferne-

---

[1] Cramer Het accommodatievermogen. Haarlem 1853. S. 87.
[2] Völckers-Hensen Experimentaluntersuchg. etc. Kiel 1868. S. 24.
[3] Völckers-Hensen Centralblatt 1866. S. 722.
[4] Coccius, der Mechanismus d. Acc. Leipzig 1868. S. 74.

sehen aber dicker und dunkler erscheinen. Es wird diese Beobachtung so zu sagen ergänzt durch zwei andere Beobachtungen Förster's[1]), indem dieselben darauf hindeuten, dass der Druck im vorderen Kammerraume sich compensatorisch verhält, beim Nahesehen abnimmt, beim Fernesehen dagegen steigt. Es war nämlich in einem Auge, welches wegen Hypopyum paracentesirt worden war, die Cornea in der Mitte tief eingesunken. Blickte der Kranke in die Ferne, so verschwand die Vertiefung, kehrte aber bei accommodativen Anstrengungen wieder. Im zweiten Falle bestand ein Durchbruch der Hornhaut mit unvollständigem Abfluss des Humor aqueus. Wenn der Kranke in die Ferne sah, so war die Oeffnung in der Hornhaut mit Kammerwasser gefüllt und der Spiegel dieser Flüssigkeit zeigte eine deutlich pulsirende Bewegung. Mit jedem Radialpulse isochronisch lief der gefüllte Geschwürstrichter über und eine kleine Quantität des Kammerwassers trat auf die Hornhautoberfläche. Bei der Accommodation für die Nähe sank der Flüssigkeitsspiegel sofort in die Tiefe, das Geschwür war nicht mehr mit Kammerwasser gefüllt, sondern erschien mit stark kesselig vertiefter Oberfläche und der Ausfluss im Pulsrhythmus hörte auf. Dasselbe Phänomen bemerkte Coccius (l. c. S. 50) an einem Auge, welches mit einer Hornhautfistel behaftet war.

Weitere Gründe für den Einfluss der Binnenmuskeln auf die intraocularen Druckverhältnisse lassen sich aus der Thatsache ableiten, dass krankhaft erhöhte Spannungen der Bulbuskapsel durch die intraoculare Myotomie (Hancock [2]), Solomon [3]) und vornehmlich durch die regelrecht ausgeführte Iridectomie (Graefe [4]), Wegner [5]) dauernd vermindert werden können. Der Ciliarmuskel wird nämlich bei der erstgenannten Operation sicher, bei der anderen wahrscheinlich getroffen, daher es nahe liegt anzunehmen, es werde die zusammenschnürende Wirkung, welche der Muskel auf die Cornea-Scleralgrenze auszuüben im Stande sein soll, durch die theilweise Lösung desselben von seinem Ursprungskreise wesentlich geschwächt.

---

[1]) Förster, Klin. Monatblätter 1864. S. 368, 373.
[2]) Hancock, The Lancet. 1860.
[3]) Solomon. Med. Times. 1861.
[4]) Graefe, Arch. f. Ophth. III. 2. S. 456.
[5]) Wegner, ibid. XII. 2. S. 15.

Endlich kömmt die Behauptung Adamiuk's [1]) in Betracht, nach
welcher bei schonender Bloslegung des Auges und Entfernung
aller äusseren Muskeln dieselben Binnendruckschwankungen
durch dieselben experimentellen Eingriffe veranlasst werden
können, wie bei ungestörtem Zusammenhange des Bulbus mit
seinen Umgebungen.

Fasst man diese Argumente jedoch näher ins Auge, so
ergibt sich sehr bald, dass sie in der vorliegenden Frage
wenig oder nichts beweisen. Was vorerst die Versuchsergebnisse von Völckers, Hensen, Cramer und Förster betrifft, so darf nicht übersehen werden, dass sie an geöffneten
Augen gewonnen wurden, in welchen der intraoculare Druck auf
ein Kleines oder Null gesunken war und die Bulbuskapsel sich
im Zustande grösster Entspannung befand. Unter so bewandt-
ten Umständen sind offenbar die Widerstände sehr gering,
welche der Ciliarmuskel in seiner Eigenschaft als Constrictor
der Corneascleralgrenze zu überwinden hat und die letztere wird
um so leichter dem Zuge des ersteren folgen können, als den
dioptrischen Medien die Gelegenheit zum Ausweichen geboten
ist. Werden dann die Binnenmuskeln durch electrische Reizung
der Ciliarnerven zu krampfhaften Contractionen bestimmt und
damit die Lederhaut, Chorioidea und Iris in eine erhöhte
Spannung versetzt, so geräth auch der von diesen Membranen
umschlossene Glas- und Krystallkörper wieder unter einen
gewissen Druck und es wird sich die Aderhaut an einem
vorhandenen Scleralfenster ohne weiters vorbauchen müssen.
Falls aber die Sclera unverletzt ist und nur die Cornea ab-
getragen wurde, wird die Linse gegen die straff gespannte Iris
gepresst werden und unter günstigen Verhältnissen, wie Cramer
beobachtete, im Bereich des Sehloches buckelig hervorgetrieben
werden können. Die Verengerung der vorderen Scleralöffnung
bringt es aber auch mit sich, dass der Rand der elastisch steifen
Hornhaut sich etwas aufrichtet, die Cornealmitte also von der
Iris abgehoben und der Kammerraum vergrössert wird, daher
ein dünner Geschwürsboden sich vertiefen und der in einer
Oeffnung anstehende Humor aqueus zurücksinken muss.

Bewahrt die Bulbuskapsel jedoch ihre volle Integrität und ist der intraoculare Druck ungeschwächt oder gar

[1]) Adamiuk, Centralblatt 1866. S. 562, 1867. S. 434.

gesteigert, so gestalten sich die Verhältnisse ganz anders. Die Linse und der Glaskörper sind nämlich gleich der Kammerflüssigkeit als völlig incompressibel zu betrachten, wenigstens dem Drucke gegenüber, welchen die Binnenmuskeln möglicher Weise darauf ausüben können. Wirkt ein solcher Muskeldruck auf das Corpus vitreum, so muss er sich durch das letztere auf sämmtliche Umgebungen gleichmässig vertheilen und, da die Sclera nicht nachgibt, mit fast ungeschwächter Kraft die Zonula und hintere Linsenfläche nach vorne treiben. Eine Contraction des Ciliarmuskels könnte dann also die Zonula nicht entspannen, sondern nur deren Angriffsrichtung ändern, die Accommodation würde sich selber steuern. Das Anpassungsvermögen des Auges verlangt nur die elastische Verschiebbarkeit der Theile, schliesst aber derartige Druckwirkungen des Ciliarmuskels als hindernd aus. Die Verengerung der Netzhautgefässe, welche Coccius bei dem Nahesehen wahrgenommen hat, lässt sich ungezwungen aus der von Völckers-Hensen erwiesenen Streckung erklären, welche die Retina und Chorioidea durch das Vorrücken der Ora serrata erleidet (l. c. S. 26, 27), wenn nicht eine Täuschung obwaltete, was nach Memorski's Erfahrungen (l. c. S. 86, 95) sehr gut denkbar ist; oder wenn der Caliberwechsel nicht blos ein scheinbarer und auf den Wechsel des Accommodationszustandes zu beziehender war.

Im Ganzen dürfen die einschlägigen Beobachtungen nur mit der grössten Vorsicht zu Schlussfolgerungen benützt werden, da sie auch nicht ganz frei von Widersprüchen sind. So fand Förster (l. c. S. 373) in seinem zweiten Falle, dass das Hornhautreflexbild beim Nahesehen grösser, die Convexität der Cornea also geringer wurde, und dies zwar auch nachdem der Ciliarmuskel durch Atropin gelähmt worden war.

Würde übrigens der Ciliarmuskel im normalen Auge bei kräftigen accommodativen Spannungen wirklich eine, wenn auch minimale Einschnürung der Corneascleralgrenze zu bewerkstelligen vermögen, so müsste sich dies nothwendig in einer Krümmungszunahme der Hornhaut äussern, was mit voller Sicherheit durch genaue Messungen ausgeschlossen worden ist. Dazu kömmt, dass Durchschneidung des Oculoto-

riusstammes (Donders [1]), so wie vollständige Lähmung desselben keine irgendwie erhebliche Verminderung der fühlbaren
Härte des Bulbus im Gefolge hat, und dass im Gegentheile
gerade bei den eclatantesten Steigerungen des intraocularen
Druckes, z. B. in glaucomatosen Augen, eine sehr auffällige Abnahme des Refractionszustandes und der Accommodationsbreite,
also eine beträchtliche Schwächung oder förmliche Lähmung
des Ciliarmuskels, sich geltend macht. Man kann sich demnach
auch mit voller Beruhigung auf die Angaben Adamiuk's (l. c.)
und Völckers-Hensens [2]) stützen, welche bei dem Accommodationswechsel keine merkbaren Schwankungen des intraocularen Druckes mit Sicherheit zu erweisen vermochten.

Was nun die heilbringende Wirkung der intraocularen
Myotomie und der Iridectomie bei krankhafter Steigerung
des Binnendruckes betrifft, so stellen sich grosse Bedenken der
Annahme entgegen, dass die partielle Lösung des Ciliarmuskels von seinen Ursprüngen und die damit gesetzte Schwächung
der concentrischen Zugwirkung dasjenige ist, was hier den
Ausschlag gibt. In Bezug auf die intraoculare Myotomie
fällt es auf, dass die Einen die Messerklinge in der Ebene des
Meridians, die Anderen aber fast parallel zur Fläche der
Lederhaut durch die Sclera und den Muskel zu stossen empfehlen
und dass trotz der ganz verschiedenen Richtung, in welcher
der Muskel durchtrennt werden soll, gleich günstige Resultate
von beiden Seiten behauptet werden. Die Iridectomie anbe-
langend muss hervorgehoben werden, dass die Ciliarfortsätze
ihre Stellung unverändert beibehalten, so weit sie im Irisaus-
schnitte sichtbar werden, was offenbar nicht sein könnte, wenn
daselbst der Zusammenhang des Ciliarmuskels mit der Cornea-
scleralgrenze aufgehoben oder auch nur beträchtlich gelockert
würde. Man muss also wohl glauben, dass der Muskel auch nach
der Operation noch genügend fixe Punkte finde, um die präsumptive constringirende Wirkung auszuüben, auch wenn die
in die Hornhaut eingehenden bindegewebigen Ursprungsplatten
innerhalb der Substanz der Cornea von dem Messer getroffen
werden. Die Druckverminderung kann demnach nicht auf
die Entspannung des Muskels, folgerecht also die Erhöhung

---

[1]) Donders, Klin. Monatblätter 1864. S. 434.
[2]) Völckers-Hensen, Centralblatt 1866. S. 722.

des intraocularen Druckes nicht auf die concentrische Verengerung des Ursprungsringes bezogen werden [1]).

Auch die Versuche Adamiuk's entscheiden nichts. Wenn
die Bloslegung des Auges, wie es scheint, nur eine Beseitigung
der animalischen Muskeln bedeutet, so kann aus den Ergebnissen der Experimente offenbar kein gültiger Beweis für den
Einfluss der Binnenmuskeln auf den intraocularen Druck hergestellt werden, da die Wirkung der organischen Muskeln der
Orbita und Lider, so wie die wechselnde Belastung des Bulbus
von Seite des Augenhöhlenpolsters nicht ausgeschlossen
wurde. Ist unter der Bloslegung aber eine völlige Isolirung
des Augapfels zu verstehen, so kömmt die Behauptung Adamiuk's in direkten Widerspruch mit den Versuchsergebnissen
Grünhagen's (l. c. S. 248), nach welchen elektrische Ströme,
durch die Gegend des Ciliarmuskels eines vorläufig exstirpirten
Bulbus geleitet, keine Aenderung des intraocularen Druckes zur
Folge haben.

Einfluss der Filtration und Secretion.

Da die dioptrischen Medien das Mittel sind, durch welches
die im Inneren des Auges wirkenden Druckkräfte auf die Bulbuskapsel übertragen werden, so liegt es sehr nahe zu glauben,
dass Störungen der en- und exosmotischen Strömungsverhältnisse, also ein Steigen und Fallen der Filtration oder
Secretion, entsprechende Schwankungen des intraocularen
Druckes im Gefolge haben müssen. Wirklich deutet die meistens vorgerückte Stellung des Krystallkörpers in Augen mit

---

[1]) Coccius ist sehr geneigt, eine Berstung der Zonula als häufiges
Ereigniss bei der Operation glaucomatoser Augen zu betrachten und der damit
hergestellten Communication zwischen Glaskörper- und Kammerraum einen Antheil an der Heilwirkung einer regelrecht durchgeführten Iridectomie zuzu-
schreiben (l. c. S. 94). Er hält nämlich an der Ungleichmässigkeit der
Drucksteigerung in der hinteren und vorderen Hälfte der Bulbushöhle fest und
glaubt, dass durch das Ueberströmen eines kleinen Quantums verflüssigter Vitrina
in die Kammer ein heilsamer Ausgleich in den Druckverhältnissen angebahnt
werden könne. Es fällt diese Ansicht aber mit dem Ausschlusse der
Druckwirkung, welchen der Ciliarmuskel auf den Glaskörper durch Zusammenziehung der vorderen Scleralöffnung ausüben soll. Ueberdiess wird die
geringere Drucksteigerung im Bereiche der Kammer durch praktische Erfahrungen nicht bestätigt, da die fühlbare Härte des Bulbus keinen Unterschied erkennen lässt, man möge den Finger an die Cornea oder an die aequa-
toriale Zone der Lederhaut setzen.

krankhaft erhöhtem Binnendrucke auf eine Vermehrung der Vitrina hin, während umgekehrt die extremsten Herabsetzungen des intraocularen Druckes, wie selbe an atrophirenden Augen beobachtet werden, an eine auffällige Verminderung der Vitrina und des Humor aqueus geknüpft erscheinen.

Man hat nun beobachtet, dass Durchschneidung des Halssympathicus (Wegner, l. c. S. 18) oder des Quintusstammes (Cl. Bernard [1]), Donders [2]) und insbesondere des am·inneren Rande des letzteren streichenden Bündels sympathischer Nerven (G. Meissner [3]) zwar nicht direkt, wohl aber nach einiger Zeit zu einer beträchtlichen Verminderung des flüssigen Bulbusinhaltes führe, so dass das betreffende Auge sich ganz welk und weich anfühlt.

Es kann hier nicht gut eine verminderte Filtration als Ursache angenommen werden, da jene Eingriffe primär eine sehr bedeutende Erweiterung der in- und extraocularen Gefässe veranlassen und folgerecht eher eine starke Vermehrung der Filtration erwarten liessen. Man neigt daher mehr zu der Ansicht, dass es sich um Störungen der secretorischen Thätigkeiten im Inneren des Bulbus handle. Die bekannten Experimente Ludwig's, nach welchen die Absonderung des Speichels unter dem direkten Einflusse bestimmter Nerven steht und zeitweilig sogar ganz unabhängig von dem Zuflusse arteriellen Blutes steigen und fallen kann, sind ganz geeignet, eine solche Annahme zu stützen.

Es ist indessen allerdings ganz richtig, dass eine starke Verminderung der flüssigen Binnenmedien nothwendig zu einer Herabsetzung oder Annullirung des intraocularen Druckes führen müsse, da die Erweiterung des Binnenstromgebietes durch die Resistenz der Gefässwandungen · in enge Grenzen gebannt und gar kein anderes Moment zu finden ist, welches den Ausfall zu compensiren vermöchte. Allein dies beweist noch keineswegs, dass umgekehrt eine Vermehrung der secretorischen Thätigkeit auch ein Steigen des intraocularen Druckes im Gefolge haben müsse. Man darf eben nicht vergessen, dass die geringe Nachgiebigkeit der Bulbuskapsel und die Unzusammendrück-

---

[1]) Cl. Bernard nach Wegner l. c. S. 18.
[2]) Donders, Klin. Monatbl. 1864. S. 434.
[3]) G. Meissner, Zeitschrift für rat. Med. 29. Bd., S. 96.

barkeit der dioptrischen Binnenmedien einer **Vermehrung des
Bulbusinhaltes** schwer zu übersteigende Schranken setzt. In der
That müsste eine in solcher Weise veranlasste Steigerung des intraocularen Druckes in erster Linie die **Gefässe** der Netzhaut und
Uvea treffen, den **venosen Abfluss beschleunigen**, den **arte-
riellen Zufluss aber hemmen**. Es würde also die **Secretion
sich selber stopfen** müssen, sobald der Druck der dioptrischen
Medien den arteriellen Blutdruck übersteigt und bevor noch die
Spannung der Bulbuskapsel sich sonderlich vergrössert hat. Es
könnten im glaucomatosen Auge die **Binnenvenen** nicht erweitert, sondern müssten **verengert** erscheinen, wenn die **primäre**
Ursache der Drucksteigerung in einer Zunahme des flüssigen
Bulbusinhaltes zu suchen wäre. Endlich gilt das, was von der
Speicheldrüse gilt, keineswegs nothwendig auch von den
secernirenden Organen des **Bulbusinneren**. In der ersteren ist
viel **Parenchymflüssigkeit** vorhanden, welche den zeitweiligen
Fortgang der Secretion gestattet, auch wenn der Blutzufluss gehindert ist, was von den betreffenden Theilen des Auges gewiss
nicht behauptet werden kann.

Ist es nun schon aus diesen Gründen sehr unwahrscheinlich,
dass die **Schwankungen** des intraocularen Druckes, welche
auf **experimentellem** Wege oder **krankhafter** Weise zu
Stande gebracht werden, ihren **unmittelbaren** Grund in einem
Wechsel der Filtrations- oder Secretionsvorgänge finden, so spricht
die **Schnelligkeit**, mit welcher sehr **ausgiebige** Veränderungen
der Druckverhältnisse am lebenden Thiere durch verschiedene
Manöver erzielt werden können, mit um so grösserem Nachdrucke
gegen einen derartigen Zusammenhang (**Memorski** l. c. S. 105,
112, **Adamiuk** l. c.).

Der **Hauptbeweis** gegen die **direkte** Abhängigkeit intra-
ocularer **Drucksteigerungen** von einer **Massenzunahme** der
dioptrischen Binnenmedien liegt jedoch in dem Umstande, dass
die **Manometersäule, so hoch sie auch während des Lebens**
gestiegen sei, **im Momente des Todes immer tief unter
die Norm herabsinkt** (**Adamiuk** l. c. **Grünhagen** [1]), trotz-
dem jeder Ausfluss von Kammerwasser neben dem Einstichsrohre
sorgfältig vermieden wird. Noch mehr, `Grünhagen` fand den
Druck im Inneren eines Kaninchenauges, nachdem derselbe beim

---

[1] Grünhagen, Zeitschrift f. rat. Med. 28. Bd., S. 242, 243.

Einführen des Instrumentes sehr gewachsen und im Augen-
blicke des Todes rasch gefallen war, genau so gross, wie an
dem zweiten Auge desselben Thieres, mit welchem der Manometer erst unmittelbar nach dem Tode in Verbindung gebracht
worden war. Man muss also nothwendig schliessen, dass die
Druckerhöhung während des Lebens und ebenso das Sinken des
Druckes während dem Tode bei unveränderter Quantität
der dioptrischen Medien in beiden Augen stattgefunden hatte.
Uebrigens liegt es auf der Hand, dass das rasche Fallen der
Manometersäule auf keinen anderen Grund, als auf das Aus-
fliessen des Blutes aus dem Binnenstromgebiete und aus den
orbitalen Gefässen bezogen werden kann, da die organischen
Muskeln der Orbita und Lider nicht gleich unmittelbar nach
dem Absterben des Thieres relaxirt werden, sondern einige Zeit
ihre natürliche Spannung bewahren.

　　Insoferne dient der ganze Versuch als Beweis, dass das im
Inneren des Auges circulirende Blut die Hauptrolle spiele,
dass es der Blutdruck sei, welcher auf die Gefässwände und
von diesen durch Vermittelung der dioptrischen Medien auf die
Bulbuskapsel übertragen wird (Donders [1]), Grünhagen l. c.
S. 246).

Einfluss des Blutdruckes.

　　Der intravasculare Druck ist im Allgemeinen von der
Masse des in den Gefässen enthaltenen Blutes und von der
Grösse des Herzdruckes abhängig. Er nimmt in den Arterien von den Stämmen gegen die Peripherie hin ab, indem das
Gesammtlumen der arteriellen Blutbahn in gleicher Richtung
wächst und das Blut auf dem Wege zu den Capillaren sehr
viel von der ihm durch das Herz mitgetheilten Stromkraft theils
in Folge der Reibung an den Gefässwänden, theils wegen den
Widerständen verliert, welche die Gefässwände und die sie
umgebenden Gewebe ihrer Ausdehnung, beziehungsweise Ver-
drängung, entgegenstellen. In den Venen wird die Strömung
von dem Stosse des aus den Capillaren nachrückenden Blutes, von der Saugkraft des Herzens und von anderen, relativ
äusseren Kräften unterhalten. Der intravasculare Druck ist
hier im Ganzen ein viel geringerer und von dem arteriellen

---

[1] Donders Arch. f. Ophth. I. 2. S. 90.

Blute, schliesslich also ebenfalls vom Herzen überkommener.

Die Uiberwindung der arteriellen Strömungswiderstände erfolgt begreiflicher Weise dadurch, dass das Blut einen Theil des auf ihn übertragenen Herzdruckes an die elastisch contractilen Gefässwände und an deren Umgebungen abgibt. Die Quote, welche hierbei unter sonst gleichen Verhältnissen auf das nachbarliche Gewebe übergeht und dasselbe verdrängt, ist natürlich um so grösser, je geringer der Widerstand ist, welchen die Gefässwände als solche dem Blutdrucke entgegenstellen, je nachgiebiger die letzteren sind.

Wendet man diesen Satz nun auf das Binnenstromgebiet des Auges an, so sollte der intraoculare Druck mit der Erlahmung und Ausdehnung der arteriellen Binnengefässe steigen, mit deren Contraction und Verengerung aber fallen, immer vorausgesetzt, dass die Kreislaufsverhältnisse nicht anderweitig gestört werden.

Die manometrischen Versuche, welche in dieser Richtung angestellt worden sind, liefern nun keinerlei Belege dafür, dass dieser theoretischen Forderung in der Wirklichkeit entsprochen werde. Adamiuk (l. c.) sah nach Durchschneidung des Halssympathicus Anfangs ein starkes Sinken, worauf in der Hälfte der Fälle ein starkes Steigen folgte. Wegner (l. c. S. 15) hingegen beobachtete nur ein ganz allmäliges Sinken, während die Binnengefässe sich auffallend erweiterten. Bei Reizung des Kopfendes des durchschnittenen cervicalen Grenzstranges fand Adamiuk stets ein starkes Steigen, was Grünhagen (l. c. S. 248) bestätigt, worauf ein Sinken folgte. Wegner hingegen beobachtete bei diesem Versuche unter starker Verengerung der Irisgefässe (l. c. S. 10) zweimal ein nur schwaches vorübergehendes Steigen, zweimal fiel das Resultat negativ aus (l. c. S. 19).

Man könnte sich diese Ergebnisse nun allerdings so zurecht legen, dass sie zu Gunsten der Theorie sprechen. Es ist nämlich klar, dass mit der Durchschneidung des Halssympathicus nicht blos das intraoculare Stromgebiet, sondern das ganze Carotidengebiet der betreffenden Seite gelähmt und in allen seinen Zweigen erweitert wird. Wenn sich aber zuerst alle Stämme ausdehnen, indem sie unter einem verhältnissmässig stärkeren Blutdrucke als die Endäste stehen, so ist die noth-

wendige Folge, dass das Blut in den letzteren zunächst mit
geringerer Stromkraft anlangen und die Manometersäule demnach fallen muss. Erst wenn der Blutdruck in den Stämmen
mit den Widerständen ins Gleichgewicht gekommen ist, kann
eine Vergrösserung desselben in den Endverzweigungen eintreten und die Manometersäule zum Steigen bringen. Es wäre
dann der Erhöhung des intraocularen Druckes der Umstand sehr
förderlich, dass das Schlagaderblut durch die erweiterte Bahn
mit weniger geschwächter Stromkraft an den Capillaren anlangt,
diese ausdehnt und nun auch in den Venen unter einem grösseren Herzdrucke zurücklaufen kann. Das Umgekehrte gälte
natürlich, wenn das Kopfende des durchschnittenen Halssympathicus gereizt wird. Wo aber dieses Experiment einen nega-
tiven Erfolg gibt, liesse sich mit Wegner (l. c. S. 19) der
Grund darin suchen, dass es schwer ist, den Reiz gehörig zu
dosiren, ein zu starker oder zu lange anhaltender Reiz jedoch
den fraglichen Nerven lähmt.

Bei allen diesen Erwägungen ist indessen dem Umstande
keine Rechnung getragen, dass die Durchschneidung des
cervicalen Grenzstranges eine paralytische Erschlaffung, die
Reizung seines Kopfendes aber eine spastische Contraction
der organischen Muskeln der Orbita und Lider im Gefolge hat; ferner dass auch die Gefässe des Orbitalpolsters
erweitert, beziehungsweise verengt werden und solchermassen
die Schlüsse, welche aus dem jeweiligen Stande der Manometersäule auf die Höhe des intraocularen Druckes gezogen werden,
sehr zweideutige, wenn nicht ganz illusorische sind. Wäre
übrigens auch eine gewisse Quote dieser Schwankungen durch
einen Füllungswechsel des Binnenstromgebietes zu erklären,
und liesse sich diese Quote dem Werthe nach ermessen, so käme
in Betracht, dass die Eröffnung der Bulbuskapsel die Circu-
lationsbedingungen im Inneren des Auges gründlich verän-
dert und somit auch die ganze Basis des Experimentes
verrückt.

Der Beweis dafür liegt in dem Auftreten sehr excursiver,
mit der Herzsystole und den Respirationsbewegungen isochroner
Schwankungen der Manometersäule. Es setzen diese nämlich
ein sehr starkes Pulsiren oder überhaupt einen beträchtlichen rhythmischen Caliberwechsel der Binnengefässe voraus, während unter normalen Verhältnissen und bei geschlos-

sener Kapsel nur unter Beihilfe starker ophthalmoscopischer Bildvergrösserungen ein schwaches Pulsiren der Netzhautvenen wahrgenommen wird (Donders [1]) und in der entoptischen Aderfigur die Strömung der Blutkörperchen entweder ganz gleichmässig erscheint (Vierordt, Laiblin [2]) oder unter Umständen eine geringe, der Herzsystole isochrone Beschleunigung erkennen lässt (Berthold [3]).

Wenn nun unter normalen Verhältnissen und bei geschlossener Bulbuskapsel ein mechanisches Moment in Wirksamkeit ist, welches das Steigen und Fallen des Herzdruckes soweit auszugleichen im Stande ist, dass die Strömung in den Binnengefässen eine nahezu gleichmässige wird, so drängt sich unwillkürlich die Frage auf, ob dieses Moment denn nicht auch anderweitig begründeten Wechseln des intravascularen Druckes regulatorisch entgegenzutreten vermöge?

Um diese Frage zu beantworten, ist es nothwendig, vorerst die einzelnen Factoren des regulatorischen Momentes näher ins Auge zu fassen. Das intraoculare Stromgebiet ist flächenartig zwischen die incompressiblen Binnenmedien und die überaus widerstandskräftige, nur in sehr geringem Grade dehnbare elastische Bulbuskapsel eingeschaltet, so dass der arterielle Seitendruck, so weit er nicht von den contractilen Gefässwänden neutralisirt wird, sich auf die Bulbuskapsel überpflanzen und deren Spannung erhöhen muss, bis der elastische Gegendruck derselben dem effectiven Seitendrucke das Gleichgewicht hält.

Wird nun dieses Gleichgewicht durch eine Zunahme des arteriellen Blutdruckes gestört, so muss offenbar auch die Spannung und damit der elastische Gegendruck der Bulbuskapsel wachsen. Der letztere trifft das ganze, auf unzusammendrückbarer Unterlage ruhende Binnengefässnetz gleichmässig. Die Folge davon ist, dass der arterielle Strom fernerhin schon beim Eintritte in den Binnenraum auf vermehrte Widerstände stösst und geschwächt wird, indem er eine grössere Quote der vom Herzen überkommenen Kraft an die Wandungen der zu-

---

[1]) Donders Arch. f. Ophth. I. 2., S. 93.

[2]) Vierordt, Laiblin Diss. Die Wahrnehmung der Chorioidalgefässe im eigenen Auge. Tübingen 1856. S. 14.

[3]) Berthold. Verhdlgn. des Königsberg. Vereines f. wiss. Heilkunde, Wien. Med. Presse 1867. S. 467.

führenden extraocularen Stämmchen verliert, um dieselben
zu erweitern; während das venöse Blut mit Beschleunigung
aus dem Innern des Auges getrieben und damit der Binnendruck
vermindert wird.

Man sieht daraus, dass die Spannung der Bulbuskapsel mit
dem arteriellen Blutdrucke nicht gleichen Schrittes, sondern in
einem viel geringeren Verhältnisse wachse. Da nun die effective Kraft des Herzens im Ganzen eine beschränkte ist und
daher auch der Blutdruck nur innerhalb enger Grenzen stei-
gerbar erscheint, besonders an der Peripherie des Gefäss-
systems nach Ueberwindung so vieler Widerstände: so muss man
annehmen, dass der intraoculare Druck durch blosse
Erhöhung des arteriellen Seitendruckes bei freiem
venösen Abflusse nur eine sehr kleine, wenn überhaupt
eine Steigerung erfahren könne. Es wird dies um so wahrscheinlicher, wenn man das beträchtliche Transfusionsver-
mögen der Cornea in Anschlag bringt und die Thatsache ins
Auge fasst, dass eine durch mässigen Fingerdruck längere
Zeit unterhaltene vermehrte Spannung der Bulbuskapsel stets zu
einer merklichen Verminderung der dioptrischen Binnenmedien
führt, welche sich rasch wieder ausgleicht, wenn der Druck nach-
lässt (Donders l. c. S. 101).

Im vollem Einklange mit dem Behaupteten haben denn
auch die starken Erweiterungen der grössern Binnengefässe,
welche bald nach Durchschneidung des Quintusstammes
beobachtet werden (Schiff l. c. S. 45, 81), bei unverletzter Kapsel
keine Vermehrung der fühlbaren Bulbushärte im Gefolge (Donders [1]); vielmehr bleibt die Tension in der Regel unverändert,
obschon vermöge der Lähmung der Gefässwände eine grössere
Quote des arteriellen Seitendruckes auf die Bulbuskapsel übertragen werden muss. Im weitern Verlaufe wird das Auge sogar
weich und welk, was jedoch mit der vorliegenden Frage nichts
zu schaffen hat, da es eine Folge der Ernährungsstörungen
und der damit gesetzten Verminderung der Binnenmedien ist.
Auch fehlen unter solchen Verhältnissen auffällige Pulsphänomene der Binnengefässe, während diese sich sonst allenthalben
geltend machen, wo der intraoculare Druck um ein Gewisses
zugenommen hat und obgleich durch den operativen Ein-

---

[1] Donders Klin. Monatsbl. 1864. S. 434.

griff selbst unmöglich besondere Pulshindernisse entfesselt worden
sein können, da der Binnenpuls wie in der Norm, ja noch schöner
und deutlicher, durch einen Druck auf den Augapfel hervorgerufen
wird (Schiff l. c. S. 47). Endlich lässt sich mit Memorski
(l. c. S. 105) anführen, dass in denjenigen pathologischen Zuständen, wo nur ein vermehrter Blutandrang vermuthet wird,
bisher noch Niemand weder in den Arterien noch in den Venen
einen dem Grade der Hyperämie entsprechend grossen Puls
wahrzunehmen vermochte.

Wird das Gleichgewicht im Gegentheile durch eine Abnahme des arteriellen Blutdruckes gestört, so muss die Spannung
und damit auch der elastische Gegendruck der Bulbuskapsel sich
vermindern. Der arterielle Strom wird dann bei seinem
Eintritte in das Innere des Auges auf geringere Widerstände
stossen und daselbst mit einer grösseren Quote der vom Herzen
überkommenen Kraft auf die Gefässwände drücken; während
andererseits der Venenstrom vermöge der Schwächung eines
wesentlichen treibenden Factors verlangsamt werden muss. Es
kann also auch das Sinken des intraocularen Druckes nicht
gleichen Schritt halten mit dem Fallen des allgemeinen arteriellen Blutdruckes, und man muss annehmen, dass es überhaupt
auf enge Grenzen beschränkt bleibt, so lange die Strömung in
den extraocularen Schlagadern eine continuirliche ist, die
Bulbuskapsel ihre Integrität bewahrt und die dioptrischen Binnenmedien in ihrer Masse keine wesentliche Einbusse erlitten haben.

In der That konnte Graefe [1]) in den verschiedenen Stadien
der Cholera bei sorgfältigster Prüfung eine erhebliche Schwan-
kung der fühlbaren Bulbushärte niemals erkennen, ungeachtet der arterielle Seitendruck wegen enormen Massenverlust
des Blutes und wegen Schwächung der Herzthätigkeit in der
Regel eine sehr bedeutende nachweisbare Verminderung erlitten
hatte. Es zeigten sich nämlich, abgesehen von dem Falle ausge-
sprochener Agonie, die Hauptäste der Arteria centralis retinae
ganz ausserordentlich verdünnt, in ihren feineren Verzweigungen
völlig unsichtbar und dem entsprechend die Papille verblasst,
während die Venen sich im asphyktischen Stadium stets sehr dunkel,
selbst bläulich roth präsentirten, bis in ihre feinsten Theilungen
verfolgt werden konnten, ohne dass jedoch ihr Durchmesser

---

[1]) Graefe, Arch. f. Ophth. XII. 2. S. 207—211.

auffällig zugenommen hätte, ja in einzelnen extremen Fällen
mit äusserster Verdünnung der Arterien erschienen sie sogar etwas
dünner als in der Norm und man konnte das bei Embolie vor-
kommende stossweise oder wellenförmige Vorrücken der im
Venenrohre ungleichmässig vertheilten, unterbrochenen Blutsäule
constatiren. Dabei liessen sich die Netzhautarterien dort, wo der
Verfall der Herzthätigkeit seine höchsten Grade erreicht hatte
(Fehlen des Radialpulses und des zweiten Herztones) und wo die
Cyanose sehr hochgradig und verbreitet war, durch einen mässigen
Fingerdruck fast ausnahmslos entleeren, ohne dass ein Pulsiren
bemerklich wurde. Wo es sich um sogenannte enterische, oder
leicht algide, oder allenfalls um asphyktische Formen im ersten
Beginne handelte und, nach den Symptomen zu schliessen, nur
eine mässige Reduction des Blutvolumens bei einer ebenfalls
mässigen Herzschwäche gegeben war, rief schon ein äusserst
leichter Fingerdruck den Puls hervor, während ein etwas stärkerer Druck, welcher unter normalen Verhältnissen noch nicht
einmal zur Production des Pulses ausreichen würde, die Netz-
hautschlagadern bereits permanent entleerte. Nur Einmal wurde
nach ganz enormen Ausleerungen und bei verhältnissmässig
geringer Herzschwächung ein spontaner Arterienpuls beobachtet, eine Erscheinung, welche wahrscheinlich dadurch zu erklären ist, dass in Folge der extremen Verminderung des Blutvolumens und vielleicht auch einiger Abnahme der dioptrischen
Medien die Bulbuskapsel ihre Spannung so weit verloren hatte,
dass ihr elastischer Gegendruck unvermögend wurde, regulatorisch auf die Circulation im Binnenstromgebiete zu wirken,
dass also ähnliche Verhältnisse obwalteten, wie bei beginnendem
Schwunde des Augapfels oder nach Durchbrechung der Horn-
oder Lederhaut.

Eine Reihe vergleichender Versuche, welche ich und mein
Assistent, Herr Dr. Picha, bei verschiedenen Krankheiten
und in verschiedenen Stadien derselben angestellt haben, ergab
beziehungsweise ganz übereinstimmende Resultate. Es liess sich
nämlich an äusserst anämischen, herabgekommenen, zum
Theile der Agone nahen, im letzten Stadium der Phthisis tuber-
culosa befindlichen, mit mannigfaltigen Herzfehlern behafteten
oder an anderen Leiden darniederliegenden Individuen, deren
Radialpuls bei grösster Herzschwäche kaum fühlbar, fadenförmig
und leicht zusammendrückbar war, eben so wenig eine abnorme

Verminderung der fühlbaren Bulbushärte nachweisen; als bei entschiedenen Plethorikern, bei Pneumonikern mit synochalem Fieber oder bei anderweitig Erkrankten, bei welchem der Radialpuls unter stürmischer Herzthätigkeit äusserst voll und kräftig war, eine Vermehrung der fühlbaren Bulbushärte zu erkennen war.

Die geringe Veränderlichkeit, welche die fühlbare Bulbushärte und ohne Zweifel auch der intraoculare Druck im sonst normalen unverletzten Auge bei excursiven Schwankungen des allgemeinen Blutdruckes offenbart, wurde in dem Vorhergehenden auf den regulatorischen Einfluss bezogen, welchen die elastische Bulbuskapsel auf die Circulation im Binnenstromgebiete ausübt. Es stützt sich diese Annahme, abgesehen von theoretischen Gründen, auf die Ergebnisse einer genaueren Analyse jener Gefässerscheinungen, welche bei Störungen des circulatorischen Gleichgewichtes im Inneren des Auges wahrgenommen werden.

Hierher gehören die retinalen Pulsphänomene, in Betreff deren es genügt, auf die bekannten Arbeiten Donders'[1]) hinzuweisen.

In zweiter Linie kömmt das gewissermassen antagonistische Verhältniss in Betracht, welches die Arterien und Venen des intraocularen Stromgebietes in Bezug auf ihre jeweilige Füllung verrathen. In den Netzhautgefässen ist dasselbe fast täglich Gegenstand der directen ophthalmoscopischen Beobachtung. Pathologische Verengerungen der Schlagadern erscheinen fast immer mit einer merklichen Erweiterung der zugehörigen Venen gepaart. Besonders scharf tritt dieser Gegensatz hervor bei den sogenannten ischämischen Zuständen der Netzhautarterien[2]), so wie beim entwickelten Glaucome. Er wurde übrigens auch während der Ohnmacht constatirt (Coccius l. c. S. 39) und ist ganz unzweideutig in den oben angeführten Beobachtungen Graefe's an Cholerakranken ausgesprochen. Was die Gefässe der Uvea betrifft, so liegen allerdings keine directen Beweise vor, doch darf man ein ähnliches Verhalten voraussetzen, da sie in gleicher Weise wie das Adernetz der Retina dem elastischen Gegendrucke der Bulbuskapsel unterworfen

---

[1]) Donders, Archiv. f. Ophth. I. 2. S. 90 u. s. f.
[2]) Siehe mein Lehrbuch. 3. Auflage. S. 793.

sind. Auch deuten die auffälligen Volumsveränderungen der
Ciliarfortsätze, welche das Spiel der Pupille gesetzmässig begleiten (O. Becker[1]), Coccius l. c. S. 45), mit Bestimmtheit
darauf hin, dass die einzelnen Abschnitte der Uvea ihren Blutgehalt mit grosser Leichtigkeit unter einander auszutauschen
und zu equilibriren vermögen. Endlich lässt sich die Stabilität
der Augengrundfärbung, wenn auch nur mittelbar, als ein
triftiges Argument verwerthen.

Es ist nämlich eine bekannte Sache, dass die rothe Grundfarbe des Augenspiegelbildes bei äusserst anämischen Individuen unter sonst gleichen Verhältnissen von jenen bei Plethorikern nicht merklich verschieden ist. Auch scheint während
der Ohnmacht und in den letzten Stadien der Cholera ein
Färbungswechsel nicht statt zu finden, da dies Coccius und
Graefe sicherlich hervorgehoben hätten. Gewiss ist, dass ischä-
mische Zustände der Netzhaut, so wie active und passive
Hyperämien der extraocularen Nachbargebilde auf die
Färbung des Augengrundes keinen modificirenden Einfluss üben.
Memorski (l. c. S. 109) betont mit Rücksicht darauf sehr nach-
drücklich, dass die Gerichtsärzte bei Erhängten noch niemals
eine grössere Ausdehnung der Binnengefässe angemerkt haben,
obgleich sie sehr häufig den Schlemm'schen Canal mit Blut
überfüllt bezeichneten. Er selbst fand nach Kussmaul's[2] Vorgang,
dass bei Thieren die künstliche Unterbrechung der Circulation
in allen vier Drosselvenen, ja in beiden Venis anonymis,
nicht die geringste Veränderung der Augengrundfärbung und des
Calibers der grösseren Ader- und Netzhautgefässe zur Folge hat
(l. c. S. 99, 101), auch keine Pulsphänomene hervorruft (l. c.
S. 104). In analoger Weise zeigte sich bei anhaltender oder inter-
mittirender Unterdrückung des arteriellen Blutstromes
durch Unterbindung einer oder beider Carotiden bei Kaninchen
entweder gar keine oder doch nur eine sehr vorübergehende und
leicht zu übersehende Erblassung des Augengrundes neben einer
eben so geringen und flüchtigen Entleerung der Arteria centralis
retinae. Es genügte die volle Durchgängigkeit einer einzigen
Arteria vertebralis, um den intraocularen Blutstrom und die
Färbung des Augengrundes in der Norm zu erhalten oder nach

---

[1] O. Becker, Wien. Med. Jahrb. 1863. S. 159, 170; 1864. S. 3.
[2] Kussmaul, Untersuchungen etc. Diss. Würzburg, 1855. S. 12, 18, 23,
27, 40.

kurzer Unterbrechung dahin zurückzuführen. Bei jungen Hunden jedoch erblasste schon der Augengrund, wenn die entsprechende Carotis unwegsam gemacht wurde, und es dauerte dann bisweilen eine halbe Minute, bis der arterielle Blutstrom und damit auch die normale Färbung am Augengrunde wieder hergestellt erschien (l. c. S. 97, Trautvetter[1]). Wurden bei Kaninchen neben den beiden Carotiden auch noch beide Vertebralarterien, oder bei Hunden die Arteria anonyma durch eine Schlinge zusammengezogen, also der arterielle Zufluss zum Kopfe gänzlich unterbrochen, so entleerten sich die ophthalmoscopisch wahrnehmbaren Binnengefässe unter starker Erblassung des Augengrundes[2] in gleicher Weise, doch hielten die Erscheinungen nur so lange an, als die Schlinge wirkte.

Die rothe Grundfarbe des Augenspiegelbildes ist nun anerkanntermassen hauptsächlich bedingt durch den Blutgehalt der Choriocapillaris. Berücksichtiget man, dass selbst wenig vorgeschrittene krankhafte Gewebsveränderungen der letzteren, z. B. beginnender Schwund, sich durch sehr auffällige Schattirungswechsel im ophthalmoscopischen Bilde manifestiren, so wird man kaum fehl gehen, wenn man aus der normalen Färbung des Augengrundes auf eine nahezu normale Füllung der Choriocapillaris schliesst und auf Grund der oben angeführten Beobachtungen behauptet, dass der jeweilige Blutgehalt der fraglichen Schichte von Schwankungen des arteriellen Seitendruckes ziemlich unabhängig und überhaupt fast unveränderlich ist, so lange der Blutstrom in den extraocularen Schlagadern ein continuirlicher bleibt. Eine solche Stabilität des in der Choriocapillaris enthaltenen Blutquantums lässt sich aber wieder nicht denken, wenn die Arterien und Venen der Aderhaut sich gleichzeitig ausdehen und verengern würden, vielmehr müsste dann das dazwischenlagernde capillare Netz nothwendig an dem Füllungswechsel entsprechenden Antheil nehmen. Man muss also

---

[1] Trautvetter Arch. f. Ophth. XII. 1. S. 132.

[2] Dasselbe geschieht bekanntlich auch während des Sterbens, wenn der arterielle Blutstrom aufhört continuirlich zu sein. Im Zusammenhang damit steht eine Beobachtung Walthers (Centralblatt 1867, S. 390). Derselbe fand, dass der Augengrund bei Kaninchen, welche einer grossen Kälte ausgesetzt werden, erblasst und dass sich schliesslich auch die grossen Gefässe der Netz- und Aderhaut contrahiren, fügt aber hinzu, dass dann eine Wiederbelebung der Thiere nicht mehr gelingt, so dass man glauben muss, die Entleerung der Gefässe sei schon das Zeichen eintretenden Todes.

glauben, dass das in der Netzhaut direct nachweisbare compen-
satorische Verhalten des Arterien- und Venencalibers auch in
den Gefässen der Uvea zur Regel gehöre.

Ist dieses richtig, so liegt die Vermuthung nicht ferne, dass
unter dem regulatorischen Einflusse der elastischen Bulbuskapsel
auch Anämien und Hyperämien des gesammten retinalen
Stromgebietes durch gegensätzliche Zustände des uvealen Gefässnetzes compensirt werden können. Bedenkt man, dass die
Uvea weitaus überwiegend aus Gefässen zusammengesetzt ist,
das Gesammtlumen ihres Adernnetzes jenes der Retina also
um ein Bedeutendes, ja Mehrfaches übersteigt, so erscheint
ein solcher Ausgleich sogar überaus leicht und ohne sonderlich
auffällige Caliberveränderungen der Uvealgefässe durch-
führbar. Es stimmt damit ganz gut, wenn Graefe bei manchen
Cholerakranken nach extremen Massenverlusten neben äusserster Verengerung der retinalen Schlagadern und blos strecken-
weiser Füllung der zugehörigen Venen weder eine Erblassung
des Augengrundes, noch eine Abnahme der fühlbaren Bulbushärte
bemerkte. Auch fehlt es nicht an einzelnen positiven Beobachtungen, welche dafür sprechen. Es wurden nämlich in Fällen von
sogenannter Embolie der Arteria centralis [1]), wo die Netz-
hautschlagadern zumeist blutleer sind und die Blutsäule in den
verengerten retinalen Venen öfters vielfach unterbrochen erscheint,
bei unveränderter Färbung des Augengrundes Aderhautblutun-
gen (Steffan [2]) und einmal eine Abhebung der Chorioidea
(Liebreich [3]), also Zustände gefunden, welche sonst nur bei
starken Aderhauthyperämien vorzukommen pflegen.

Als Schlussresultate lassen sich nach allen dem Mitgetheilten mit Beruhigung folgende Sätze formuliren:

1. Der intraoculare Druck ist im wesentlichen bedingt durch den Seitendruck in den Gefässen des Binnenstromgebietes.

2. Der intraoculare Druck ist unter sonst normalen
Verhältnissen des Auges ein nahezu constanter, wenn
auch vielleicht individuel verschiedener.

3. Die Stabilität des Binnendruckes steht in engem
Causalzusammenhange mit der Unveränderlichkeit des

---

[1]) Siehe mein Lehrbuch 3. Auflage S. 791, 792.
[2]) Steffan, Arch. f. Ophth. XII. 1. S. 46.
[3]) Liebreich ibid. V. 2. S. 261.,

jeweilig im Inneren des Auges circulirenden Blutquantums.

4. Die Stabilität der intraocularen Blutmenge schliesst deren ungleiche Vertheilung im Binnenstromgebiete nicht aus; wohl aber knüpft sie Ueberfüllungen einzelner Bezirke an entsprechende Entleerungen anderer und umgekehrt.

5. Die Uvea scheint vermöge ihrer weitaus überwiegenden Zusammensetzung aus Gefässen bei diesem compensatorischen Füllungswechsel die Hauptrolle zu spielen.

6. Die Unveränderlichkeit des Binnendruckes und der intraocularen Blutmenge sind beide in gleicher Weise auf den regulatorischen Einfluss zurückzuführen, welchen die elastisch gespannte Bulbuskapsel auf die Strömungsbedingungen im Inneren des Auges ausübt.

Es gebührt Memorski (l. c. S. 84, 97, 99, 101, 102, 107, 110) das Verdienst, auf diese hochwichtigen Verhältnisse zuerst hingedeutet und ihren Zusammenhang ermittelt zu haben.

Es frägt sich nun, wie stehen die Dinge, wenn der regulatorische Einfluss der Bulbuskapsel gehindert ist, sich normgemäss geltend zu machen? In dieser Beziehung kömmt die Hemmung des venosen Rückflusses, also die Blutstauung, ferner die übermässige Spannung der Bulbuskapsel und deren Entspannung in Betracht.

Einfluss der Blutstauung.

Ist unter sonst normalen Verhältnissen des Auges der Abfluss des Venenblutes aus dem Binnenstromgebiete erschwert oder gar gehindert, so wird während jeder Arteriendiastole etwas mehr Blut ein- als austreten, folgerecht also das intraoculare Blutquantum und somit auch der Binnendruck vorübergehend steigen. Ist die Stauung auf alle abführenden Gefässe gleichmässig vertheilt, so wird die Zunahme des intraocularen Druckes wenigstens annähernd proportionirt sein der jeweiligen Höhe des arteriellen Seitendruckes und der Summe jener Widerstände, welche der venose Strom findet. Beschränkt sich aber die Stauung auf einzelne Theile des Venengebietes, während in anderen die Circulation ganz ungehindert von Statten geht, so kann der Binnendruck nur in einem geringeren Verhältnisse wachsen, da das venöse Blut dann in den freigebliebenen Stämmen mit grösserer Beschleunigung entweichen muss, als dies bei gleichmässiger Vertheilung der Widerstände auf sämmtliche Venen der Fall wäre. Demgemäss werden auch die noch durchgängigen Venen, besonders die den Scleralemissarien nahen Stammtheile derselben, bei jeder anrückenden arteriellen Blutwelle sich rascher und vollständiger entleeren, als sonsten, sie werden mit anderen Worten excursivere Pulsschwankungen zeigen. In dem Masse aber, als diese partielle Beschleunigung des venösen Rückflusses unzureichend wird, die sie bedingenden rhythmischen Steigerungen des arteriellen Seitendruckes zu compensiren, muss auch der arterielle Puls deutlicher und deutlicher hervortreten.

Was nun der systolische Herzdruck im engeren Wortsinne leistet, leistet ohne Zweifel auch jedwede anderweitig begründete Erhöhung des arteriellen Seitendruckes, z. B. jene in Folge allgemeiner Plethora, oder in Folge localer Verminderung der arteriellen Widerstände wegen Erweiterung der zuführenden extraocularen Schlagaderstämme. Stellt sich unter so bewandten Umständen eine Venenstauung im Binnenstromgebiete ein, so wird offenbar eine gleich dauernde Vermehrung des intraocularen Blutquantums und des Binnendruckes resultiren. Das Mass dieser Zunahme wird wieder abhängen von der jeweiligen Höhe des arteriellen Seitendruckes und von der Summe jener Widerstände, welche das Venenblut bei seinem Abflusse findet. Auch wird es aus dem angeführten Grunde im Ganzen geringer ausfallen, als diesen Verhältnissen an sich entspricht, wenn die Stauung auf einzelne Venenstämme beschränkt ist, während die anderen ihre Durchgängigkeit voll bewahrt haben.

Doch kömmt hier noch ein weiteres Moment in Betracht, welches den Effect wesentlich zu modificiren vermag. Es ist nämlich bekannt, dass die Vermehrung der Kapselspannung durch äusseren Druck die Resorption und besonders die Transfusion durch die Hornhaut steigert, also den Gleichgewichtszustand zwischen dem Binnendrucke und dem elastischen Gegendrucke der Bulbuskapsel verrückt. Es liegt daher sehr nahe anzunehmen, dass eine ähnliche Compensation statt habe, wenn die Spannung der Bulbuskapsel durch Erhöhung des arteriellen Seitendruckes und durch Vermehrung der venösen

Widerstände gesteigert worden ist. Bedenkt man aber, dass der solchermassen beschleunigten Abfuhr von Binnenmedien eine Vermehrung der Filtration parallel gehen muss, so kömmt man nothwendig zu dem Schlusse, dass jener Ausgleich nur ein theilweiser sein könne, der intraoculare Druck sohin um ein gewisses erhöht bleiben werde. Die Vermehrung der Filtration erscheint als ein nothwendiges Correlat der Zunahme, welche der Seitendruck im gesammten Binnenstromgebiete, im arteriellen und im venösen Theile desselben, erfährt. Ist die Circulation in den Venen nämlich gehemmt, so wird sich eine grössere Quote der arteriellen Stromkraft dahin fortpflanzen, als unter normalen Kreislaufsverhältnissen. Die Folge dessen wird dann eine merkliche Ausdehnung der Blutadern sein, und zwar nicht nur der gestauten, sondern auch der durchgängig gebliebenen, da diesen unter dem regulatorischen Einflusse der elastischen Bulbuskapsel durch die Collateralen mehr Blut zugetrieben wird, als dieses in der Norm oder bei gleichmässiger Vertheilung der venösen Widerstände der Fall ist.

Es versteht sich übrigens von selbst, dass eine solche dauernde Erhöhung des intraocularen Druckes weitere rhythmische Steigerungen desselben durch den systolischen Herzdruck nicht ausschliesse, dass folgerecht auch hier synchronisch mit jeder Arteriendiastole Pulsphänomene sich geltend machen können, ja dass diese vermöge der Erschwerung regulatorischer Einflüsse sogar excursiver ausfallen werden.

Es handelt sich nun darum, diese rein theoretischen Deductionen durch objective Gründe zu stützen.

Die physiologischen Experimente, welche in dieser Richtung angestellt wurden, sind dazu allerdings wenig geeignet. Memorski's Resultate (l. c. S. 99, 101, 104) scheinen sogar im Widerspruche zu stehen. Es ergab sich nämlich nach Unterbrechung der Circulation in allen vier Drosselvenen, ja selbst in beiden Venis anonymis, weder ein merklicher Caliberwechsel, noch ein deutlicheres Hervortreten der Pulsphänomene an den grösseren Binnengefässen. Man darf indessen nicht übersehen, dass die Stauungsursache bei diesen Versuchen in sehr grosser Entfernung von dem Binnenstromgebiete wirkte und dass in dem venösen Theile des letzteren ein mächtiger Faktor der Triebkraft, der elastische Gegendruck der Bulbuskapsel, ungeschwächt fortbestand, während die dünnwandigen extra-

ocularen Venenstämme, welche zum grossen Theile sehr ober-
flächlich verlaufen oder wenigstens von sehr nachgiebigem
lockeren Gewebe umgeben sind, einem viel geringeren äusseren
Drucke ausgesetzt waren und daher viel leichter ausgedehnt
werden konnten. Um die Stauung im intraocularen Stromgebiete selbst symptomatisch zum Ausdrucke zu bringen, müsste
folgerecht verhindert werden, dass das darin eingeschlossene
venöse Blut unter dem Drucke der elastischen Bulbuskapsel mit
Leichtigkeit in die viel ausdehnsameren extraocularen Stämme
entweicht, es müsste die Stauungsursache unmittelbar an den
Emissarien der Sclerotica wirken. Adamiuk [1]) hat diesen
Bedingungen entsprochen. Er unterband an Augen, welche mit
möglichster Schonung der arteriellen Ciliarzweige von ihren
Weichtheilen entblösst worden waren, alle Wirbelvenen knapp
an ihrem Austritte aus der Lederhaut. Das Resultat war wirklich
eine Steigerung des intraocularen Druckes auf das drei- und vier-
fache, also eine viel grössere Zunahme, als sich unter gleichen
Verhältnissen durch andere Manöver erzielen lässt. Leider scheinen die Messungen auf manometrischem Wege, also nach
Eröffnung der Bulbuskapsel, vorgenommen worden zu sein,
daher sie nicht vollwerthig in die Wagschale fallen, und nur
als ein indirectes Beweismittel benützt werden können.

Viel klarer und bestimmter treten die fraglichen Erscheinungen heraus, wenn man Fälle mit pathologischer Venenstauung, insbesondere Fälle von chronischem Glaucom, ins
Auge fasst. Man findet bei der letztgenannten Krankheit
nämlich constant die vorderen Ciliarvenen und die damit
anastomosirenden conjunctivalen Blutadern in sehr auffälligem
Grade erweitert, was bei dem regelmässigen Fehlen von Cir-
culationshindernissen an den abführenden grösseren
Stämmen sich nur daraus erklären lässt, dass auf diesem Wege
eine viel grössere Menge venosen Blutes aus dem Auge abge-
führt wird, als unter normalen Verhältnissen. Da nun die arteriellen Ciliarzweige nicht in gleichem Maasse ausgedehnt erscheinen und überhaupt nichts vorliegt, was auf eine ansehnlich
gesteigerte Zufuhr von Schlagaderblut hindeutet: so muss offenbar ein Hinderniss des Abflusses in anderen Theilen des intraocularen Venengebietes vorausgesetzt werden. Aus anatomi-

---

[1]) Adamiuk, Annal. d'oculist. 58. Bd. S. 8.

schen Gründen (Leber [1]) kann die Stauung kaum anderswo als im Bereiche der Wirbelvenen gesucht werden, da diese mit den vorderen Ciliarvenen im Innern des Auges durch mächtige Verbindungszweige communiciren, und damit stimmt denn auch der Augenschein.

In 28 mit vorgeschrittenem chronischen Glaucome behafteten, meistens schon erblindeten, aber noch nicht atrophirten Augen, welche speciell auf den Gegenstand untersucht wurden, fand sich nicht ein einziger grösserer Gefässzweig, welcher in der Gleichergegend aus der Sclerotica hervortrat, während die vorderen Ciliarvenen durchwegs in grosser Anzahl auffallend erweitert und häufig auch durch dicke Verbindungszweige in Form unregelmässiger Knäuel mit einander verschlungen waren. Es ist damit allerdings die Blutleere der extraocularen Stammtheile der Wirbelvenen noch lange nicht bewiesen, da eine grosse Quote des Bulbusäquators von den Muskeln bedeckt wird und die Scheidenhaut bei älteren Glaucomkranken etwas verdickt und bei wachsähnlicher gelblich grauer Färbung wenig durchsichtig zu sein pflegt, der Wahrnehmung tief gelegener Gefässe also Schwierigkeiten setzt. Es ist sogar zu vermuthen, dass in anderen Fällen mitunter einzelne Wirbelvenen wirklich ausgedehnt zu finden sein werden, da gar nichts der Annahme entgegensteht, dass die Stauungsursachen in den einzelnen Emissarien der mittleren Lederhautzone in sehr verschiedenem Grade wirken und so bei theilweiser Unterbrechung der Wirbelvenen die freigebliebenen aus den angeführten Gründen gleich den vorderen Ciliarvenen mehr gefüllt erscheinen müssen. Im Grossen und Ganzen spricht aber doch alles dafür, dass die Venae vorticosae beim chronischen Glaucom zusammengenommen weniger Blut aus dem Binnenraume abführen, als unter normalen Verhältnissen, also wirklich gestaut sind.

Dabei stellte sich heraus, dass die Erweiterung der vorderen Ciliarvenen durch einen Druck auf den Bulbus in auffälliger Weise verstärkt werden konnte; dass sie übrigens meistens eine um so bedeutendere und allgemeinere war, je härter der betreffende glaucomatose Bulbus sich anfühlte und dass dort, wo die Resistenz beider Augen desselben Individuums eine ver-

---

[1] Leber, Denkschftn. d. Wien. kais. Akad. d. Wiss. XXIV. S. 308 u. s. f.

schieden grosse war, die Gefässausdehnung an jenem Bulbus stärker hervortrat, an welchem sich die grössere Härte fand und daher mit voller Zuversicht auf eine wirkliche Zunahme des intraocularen Druckes geschlossen werden konnte (S. 2).

Weitere vergleichende Untersuchungen ergaben überdies, dass bei habituell harten, aber normal functionirenden Bulbis, wie sie gar häufig vorkommen, die vorderen Ciliarvenen nur zum Theile sichtbar sind, und dass deren Caliber niemals in dem aasse vergrössert erscheint, wie dies bei chronisch glaucomatosen Augen in der Regel der Fall ist, ja dass bei letzteren die Gefässausdehnung auch dann noch sehr bedeutend überwiegt, wenn die fühlbare Bulbushärte geringer ist, als in den damit verglichenen Augen der ersten Categorie.

Man kann daher in vollem Einklange mit den oben aufgestellten theoretischen Folgerungen ruhig behaupten, dass ein naher Causalzusammenhang zwischen der Steigerung des intraocularen Druckes und zwischen der Stauung des venosen Abflusses besteht.

Nicht minder lässt sich in glaucomatosen Augen die Gleichgewichtsstörung der en- und exosmotischen Binnenströme nachweisen und mit den drucksteigernden Momenten in nähere Beziehung bringen. Bekanntlich wird beim Glaucome die vordere Kammer bald enger, indem das Linsensystem mit der Iris mehr und mehr nach vorne rückt. Es findet also eine Vermehrung der Glaskörperflüssigkeit statt, welche durch eine Verminderung des Humor aqueus compensirt wird, so dass eine erhebliche Massenzunahme der Binnenmedien im Ganzen so ziemlich ausgeschlossen ist.

Man hat die Vermehrung der Vitrina aus einer gesteigerten secretorischen Thätigkeit und diese aus einem Reizungszustande bestimmter secretorischer Nerven abzuleiten versucht (Donders [1]), Wegner l. c. S. 21). Das Hervortreten des Krystalles wurde wiederum als eine Ursache von Zerrungen der Regenbogenhaut aufgefasst, welche auf die secretorischen Nerven zurückwirken, weitere pathologische Absonderungen vermitteln und so einen fehlerhaften Cirkel herstellen sollen, vermöge welchem die spontane Heilung des Glaucoms verhindert oder doch erschwert wird (Donders l. c.). Es steht jedoch fest,

---

[1] Donders, Klin. Monatbl. 1864. S. 434.

dass der Sphincter pupillae gleich dem Ciliarmuskel sehr frühzeitig viel von seiner Energie einbüsst, in mehr minder auffallendem Grade paralysirt wird, daher an eine mechanische Spannung der Iris trotz deren Vorbauchung um so weniger zu denken ist, als die Pupille sich alsbald erweitert und deren Rand damit an der Convexität des Krystalles nach hinten rückt. Dazu kömmt, dass das Glaucom auch in aphakischen Augen, wo von einer passiven Vorwölbung der Iris nicht die Rede sein kann, sich entwickelt und in ähnlicher Weise verläuft, wie dort, wo das Linsensystem in voller Integrität verharrt (Heymann [1]), Rydel [2]).

Wollte man indessen mit Rücksicht auf diese Gründe blos die primäre Nervenreizung als fortwirkend betrachten, so stellen sich neue Schwierigkeiten in den Weg. Die Secretionssteigerung allein ist nämlich ganz ungenügend, das Vorrücken des Krystallkörpers zu begründen; dies setzt als zweite Bedingung eine vermehrte Abfuhr von Kammerwasser voraus, auch wenn man davon ganz absieht, dass eine Zunahme der Vitrina und des Humor aqueus zugleich bei dem Widerstande der Bulbuskapsel sich alsbald selber stopfen müsste. In den Ausgangsstadien der Krankheit, wo die Iris und die Ciliarfortsätze bereits unzweideutige Zeichen vorgeschrittenen Schwundes offenbaren, liesse sich wohl allerdings leicht begreifen, dass in den hinteren Theilen des Binnenraumes die Absonderung, in den vorderen aber die Abfuhr das Uebergewicht behauptet; in den früheren Perioden jedoch wäre die Annahme ganz entgegengesetzter Innervationsverhältnisse in beiden Hälften des Binnenraumes zur Erklärung nothwendig, es müssten der obigen Hypothese gemäss die Secretionsnerven der hinteren Theile in einem Zustande erhöhter, jene der vorderen Theile in einem Zustande verminderter Erregung gedacht werden. Eine solche Voraussetzung ist aber an sich wenig befriedigend und wird vollends haltlos, wenn man auf den Verlauf der Ciliarnerven Rücksicht nimmt und bedenkt, dass die Faserbündel des einen und des anderen Theiles vereint in den Bulbus eintreten und denselben Schädlichkeiten ausgesetzt sind. Jedenfalls geht man viel sicherer, wenn man die Vermehrung der Glaskörperflüssigkeit

---

[1] Heymann. Klin. Monatsbl. 1867. S. 147.
[2] Rydel, Bericht der Wien. Augenklinik 1867. S. 153.

und die Verminderung des Kammerwassers auf analoge Vorgänge, nämlich auf eine gesteigerte Filtration durch die
Binnengefässe und auf vermehrte Transfusion durch die
Cornea zurückführt. Zudem weiset die Vergrösserung des intravascularen Druckes und die vermehrte Spannung der Bulbuskapsel mit grosser Bestimmtheit auf diese Processe als nächsten
Grund hin.

Dass die Bulbuskapsel beim Glaucome, wenigstens zeitweilig, sich in einem Zustande erhöhter Spannung befindet,
ist eine anerkannte Thatsache. Die Steigerung des Binnendruckes
setzt aber einerseits die Zunahme des intravascularen Druckes
voraus (S. 20); anderseits leistet die auffällige Erweiterung
der Binnenvenen, welche beim Glaucom trotz des vermehrten
Gegendruckes der Bulbuskapsel constant beobachtet wird, volle
Bürgschaft dafür, dass dieser Bedingung wirklich entsprochen ist.
Im Bereiche der Aderhaut kann die Ausdehnung der Blutadern
allerdings nicht direct nachgewiesen werden, da das Tapet und
die blutgefüllte Choriocapillaris die Wahrnehmung des Wirbel-
gefässnetzes in der Regel nicht gestattet. In der Netzhaut und
am Sehneneintritte jedoch tritt die Erweiterung der Venen
ophthalmoscopisch sehr deutlich heraus. In der That gehören
mächtig ausgedehnte Netzhautvenen zu den frühesten und con-
stantesten Symptomen des Glaucoms. In den späteren Perioden der Krankheit kommen häufig noch mehr oder minder zahlreiche ganz unregelmässig verschlungene Aeste hinzu, welche die
Centralstücke einzelner retinaler Venenstämme unter einander verflechten und sich zum Theile als ausgedehnte Nähr-
gefässe des Opticus bekunden, indem sie nicht immer in Einer
Ebene streichen, sondern aus der Tiefe der Papille emporzu-
steigen, beziehungsweise sich dahin niederzusenken scheinen.

Den Grund dieses Phänomens wird Jedermann schon von
vorneherein in einer Blutstauung suchen. Berücksichtigt man
jedoch, dass beim Glaucom der Venenpuls viel deutlicher aus-
geprägt ist als in der Norm, indem die Systole an den Centralstücken der betreffenden Gefässe eine weitaus vollständigere zu
sein pflegt und öfters bis zur völligen Entleerung gedeihet;
berücksichtigt man weiter, dass diese Entleerung nur zum Theile
und erst im zweiten Stadium der Systole durch Regurgita-
tion der Blutsäule bewerkstelligt wird, während im Beginne
das Blut unzweifelhaft nach Aussen entweicht und dabei die

Abfuhr eine beschleunigte ist; so wird eine Verengerung
der 'Venenemissarien in der Membrana cribrosa sehr unwahrscheinlich. Man könnte sich nun allerdings eine Stauung trotz
freier Abzugsöffnung damit erklären, dass man annimmt, es
werde aus der Chorioidea, wo die venöse Stauung eine erwiesene ist, eine grössere Quote Blutes durch die zahlreichen Verbindungsäste (Leber l. c. S. 313, 318) in die Centralstücke
der retinalen Venen abgeleitet und dadurch die Entleerung der
mehr peripheren Stammtheile erschwert. Das Auftreten mächtiger Collateralén daselbst spricht dem das Wort. Allein
wäre diese Hypothese richtig, so müsste sich die Entwicklung
der Collateralen schon im ersten Beginne des Glaucoms, d. i.
gleichzeitig mit der Ausdehnung der Netzhautvenen, zeigen und
eine mehr allgemeine, nicht auf einen oder den anderen
Sector der Papille beschränkte sein. Ueberdies liesse sich
dann die von der Gefässpforte gegen die Peripherie fortschreitende Obliteration einzelner Centralstücke kaum begreifen und
doch gehört diese in den späteren Stadien der Krankheit zu
den gewöhnlichen Erscheinungen, ja nicht selten verschwinden
mit der Zeit sogar sämmtliche Centralstücke und sogar die
früher sichtbar gewesenen collateralen Verbindungsäste. Die
Annahme einer Stauung in den retinalen Venen ist also
unabweisbar und setzt einen Widerstand in der Membrana
cribrosa voraus. Der Widerspruch, welcher in der Entwicklung
des Venenpulses zu liegen scheint, löst sich leicht, wenn man
im Auge behält, dass der Puls sich niemals auf sämmtliche
Centralstücke erstreckt, sondern immer nur an einzelnen Venen
zu beobachten ist und folglich auch blos die Durchgängigkeit
der letzteren, nicht aber der übrigen voraussetzt. Dass aber
bei Circulationshemmungen, welche die Mehrzahl der Centralstücke betreffen, alle retinalen Venenstämme sich erweitern
müssen, ist bereits in dem Vorhergehenden dargethan worden.

Es tritt nun die praktisch hochwichtige Frage heran, wodurch beim Glaucom solche Venenstauungen im Bereiche der Sclera und Siebhaut wohl bedingt werden
mögen?

Berücksichtigt man die constante, sehr frühzeitige Verbreiterung des Bindegewebsringes und die rasche Ausbildung
der charakteristischen Excavation, so kann man sich kaum
der Vermuthung erwehren, dass die vermehrte Spannung

der Bulbuskapsel und die damit verknüpfte Dehnung der faserigen Elemente hierbei eine hervorragende Rolle spielen. Es liegt nämlich nahe anzunehmen, dass bei einer solchen Zerrung der Lederhaut die sehr schief durchtretenden Wirbelvenenstämme zusammengedrückt werden, während die fast senkrecht durchbohrenden vorderen Ciliarvenen und arteriellen Zweige in ihrem Caliber nur eine geringe oder gar keine Veränderung erleiden. Die nachweisbare beträchtliche Flächenvergrösserung der Membrana cribrosa ist aber an sich genügend, um die Versperrung einzelner Durchlässe und, bei fortschreitendem Wachsthume der Excavation selbst die Obliteration sämmtlicher Centralstücke der retinalen Venen zu erklären, denn eine solche Dehnung der Siebhaut ist ohne Verengerung ihrer Lücken kaum denkbar.

Leider treten dieser Hypothese die Ergebnisse des physiologischen Experimentes entgegen. Es ist bereits vor geraumer Zeit nachgewiesen worden, dass bei künstlicher Vermehrung der Kapselspannung durch allmälig gesteigerten äusseren Fingerdruck wohl die Siebmembran als der nachgiebigste Theil der Bulbushülle nach hinten ausgebaucht wird (Mayrhofer [1]), keineswegs aber die Netzhautvenen sich erweitern, sondern im Gegentheile sammt den retinalen Arterien sich verengern (Donders [2]). Um diesen Einwand zu entkräften, lässt sich nun allerdings geltend machen, dass die Versuche an normalen Augen angestellt worden sind und dass beim Glaucom theilweise ganz differente Verhältnisse in Rechnung kommen. So steht es fest, dass das Gesammtvolumen des Bulbus bei dieser Krankheit trotz erweisbarer Zunahme des intraocularen Druckes nur sehr ausnahmsweise und immer nur in den späten Ausgangsstadien durch secundäre degenerative Processe in Gestalt partieller Ectasien vergrössert wird. Cusco [3]) und Coccius (l. c., S. 92) wollen sogar eine Verkleinerung der Durchmesser constatirt haben, welche der Letztere auf Schrumpfung der Sclerotica als Folge fettiger Entartung zurückführt.

Fasst man diesen Umstand ins Auge und bedenkt man, dass die Siebhaut blos mit den inneren Schichten der Lederhaut

---

[1]) Mayrhofer, Zeitschrift d. Wien. Aerzte 1860. S. 737, 739.
[2]) Donders Arch. f. Ophth. I. 2. S. 98.
[3]) Cusco nach Coccius, l. c., S. 93.

in directem Zusammenhange steht, wie Czerny's [1]) Durchschnitte neuerdings wieder dargethan haben; so kömmt man nothwendig zu dem Schlusse, dass die Dehnung, welche im Bindegewebsringe und in der glaucomatosen Excavation sich äussert, nicht sowohl die ganze Bulbuskapsel, als vielmehr blos die inneren Faserlagen der hinteren Scleralzonen einschliesslich der Membrana cribrosa betrifft und von da nach vorne hin allmählig abnimmt, so dass sich eine Vergrösserung des Binnenraumes ohne entsprechende Umfangsvermehrung des Bulbus, lediglich durch Zurückweichen der Siebhaut, ergäbe. Eine solche auf die inneren Faserlagen beschränkte Dehnung ist aber ziemlich gleichbedeutend mit einer Verschiebung derselben gegenüber den äusseren Schichten und dass damit die Gelegenheit zur Obliteration der überaus schiefen Emissarien der Wirbelvenen im hohen Grade günstig gestaltet wird, liegt auf der Hand.

Bei allem dem aber kann die fragliche Hypothese nicht befriedigen, da die vermehrte Kapselspannung die Venenstauung als unerlässliche Bedingung schon voraussetzt und nicht Ursache und Wirkung zugleich sein kann.

Es ist nun eine ausgemachte Sache, dass das Glaucom im engeren Wortsinne sich nur an Augen mit sehr rigider Kapsel entwickelt. Es lässt sich diese Rigidität an der Leiche direct nachweisen. Sie ist mir wiederholt an durchschnittenen glaucomatosen Augen aufgefallen, bevor ich deren Bedeutung kannte. Mittelbar deutet auf sie eine Beobachtung von Coccius (l. c. S. 93), nach welcher glaucomatöse Bulbi, wenn sie vor Verdunstung ihres flüssigen Inhaltes geschützt werden, noch mehrere Tage nach dem Tode eine ganz bedeutende Härte bewahren. Da nämlich am Cadaver der arterielle Seitendruck wegfällt, kann die starke Resistenz des Bulbus nur aus einem vermehrten Widerstand der Kapsel gegen Dehnungen abgeleitet werden. [2]) Die mikroskopische Untersuchung hat übrigens auch den Grund dieser Steifheit in Verfettigungen der Leder- und

---

[1]) Czerny in meinem Lehrbuch, 3. Auflage. Fig. 26. S. 158.

[2]) Doch scheint hierbei auch eine grössere Blutfülle der Binnenvenen zu concurriren; denn ich erinnere mich, bei der Eröffnung solcher Augen reichliche chorioidale Blutungen gesehen zu haben, was im Falle weiterer Bestätigung einen neuen schlagenden Beweis für die Stauung in den Wirbelvenen abgäbe.

Siebhaut (Coccius [1]) und in mehr weniger deutlichen Kalkab-
lagerungen (Donders [2]), also in Processen herausgestellt, welche
in dem Atherom der Gefässe und in dem bei glaucomatosen
Augen so häufig vorkommenden Hornhautgreisenbogen treffende
Analogien finden. Es können aber diese Veränderungen nicht
wohl Folgen des glaucomatosen Leidens sein, da sie dem Ausbruch des letzteren meistens sehr lange vorausgehen und oft
sogar für die ganze übrige Lebensdauer fortbestehen, ohne dass
es jemals zum Glaucome käme.

In der That finden sich auffallend harte, aber normal
functionirende Bulbi sehr oft neben vorgeschrittener seniler
Involution und neben weit verbreiteten atheromatosen Gefäss-
entartungen, welche letztere wieder sehr häufig mit allgemeiner
Gicht im pathogenetischen Zusammenhange stehen. Wohl aber
sind es erfahrungsmässig gerade solche Augen, welche am
meisten zum Glaucom disponiren. Anderseits findet sich
abnorme Bulbushärte nicht selten als ein habitueller Zustand,
welcher in seiner Anlage angeboren, in manchen Familien
sogar erblich ist. Und wieder sind es ausschliesslich solche
Augen, an welchen das Glaucom schon in früheren Lebens-
perioden, ja im kindlichen Alter (Mooren [3]), zum Ausbruch
kömmt, wenigstens konnte ich in solchen Fällen stets am zweiten

---

[1] Coccius Arch. f. Ophth. IX, 1. S. 19, Der Mechanism. d. Acc. etc. S. 92.

[2] Donders Arch. f. Ophth. IX. 2. S. 217.

[3] Mooren Ophth. Beobachtungen. Berlin 1867. S. 195. Auch ich sah
das Glaucom an einem 9jährigen Mädchen. Das rechte Auge desselben war
angeblich seit 2 Jahren vollkommen erblindet und in letzterer Zeit etwas
grösser geworden, indem die obere Hälfte der vordersten Scleralzone sich in
Gestalt eines 1''' breiten bläulich durchscheinenden Halbringes staphylomatos
ausgedehnt hatte. Der linke Bulbus functionirte völlig normal. Beide Augen
erwiesen sich ausserordentlich hart. Am kranken Bulbus erschien die Pupille
mittelweit, durch Atropin etwas erweiterbar. Der Glaskörper war bei der ersten
Untersuchung dicht getrübt. Später hellte sich derselbe jedoch völlig auf, so
dass der Augengrund deutlich wahrgenommen werden konnte. Ich fand einen
sehr breiten Bindegewebsring, den Sehnerveneintritt hellweiss, sehnig glänzend,
tief excavirt, die Gefässpforte fast an den inneren Rand der Papille gerückt, die
Venen stark erweitert und sammt den Arterien an der Grenze der Opticusscheibe
schnabelförmig umgebogen. Die Centralstücke der Retinalgefässe waren zumeist
gänzlich verschwunden und statt deren wurde an der Papille ein unregelmässig
ellipsoidischer Kranz von Collateralen bemerkt, welcher mit der Gefässpforte
in Verbindung stand.

noch ganz normal functionirenden Auge die ungewöhnlich starke Resistenz gegen äusseren Druck constatiren.

Es steht mit dem Gesagten übrigens auch der Umstand im Einklange, dass plathymorphische Augen, welche bei merklich kleineren Durchmessern eine verhältnissmässig dicke Lederhaut besitzen, das weitaus überwiegende Contingent an Fällen liefern (Rydel l. c., S. 136), denn eine dicke Sclerotica wird bei seniler oder atheromatoser Entartung ihres Gefüges eine grössere Rigidät zur Geltung bringen, als eine dünne, wie sie langgebauten Augen zukömmt.

Es lässt sich dagegen nun allerdings einwenden, dass den glaucomatosen ganz gleiche Excavationen mitunter auch neben Staphyloma posticum und anderen Formen der Sclerochorioidalectasie, also neben unzweifelhaften Zeichen einer Resistenz-Verminderung der Bulbuskapsel auftreten. Allein da ist zu erwidern, dass die Excavation wohl ein Symptom, nicht aber das Glaucom selber sei, vielmehr unter ganz differenten pathogenetischen Verhältnissen sich entwickeln könne. So liegt es auf der Hand, dass die Siebhaut als integrirender Bestandtheil der Lederhaut leicht an jenen Zuständen und Processen participiren werde, welche in der Sclerotica die Staphylombildung vorbereiten. Ist aber die Membrana cribrosa oder ein anderer Theil der Bulbuskapsel aufgelockert oder überhaupt in seiner Widerstandsfähigkeit geschädigt, so wird dessen Ausdehnung auch bei normalem intraocularen Drucke und folgerecht ohne vorläufige Venenstauung ermöglicht sein, was denn auch die Erfahrung bestätigt. Wenn sich anderseits sclerochorioidale Ectasien nicht selten unter unzweideutigen Merkmalen erhöhter Kapselspannung ausbilden, so darf man nicht übersehen, dass die vorangehenden entzündlichen Infiltrationen des Lederhautgefüges an und für sich genügen, um eine Anzahl von Venendurchlässen zu verengern oder förmlich zu obliteriren und damit die Bedingungen für intraoculare Drucksteigerungen zu setzen. Geschieht etwas ähnliches doch auch bei chorioidalen Tumoren, welche vermöge der localen Beschränkung des Venenabflusses in der Regel unter einiger Zunahme der fühlbaren Bulbushärte verlaufen und in späteren Stadien sich gerne mit Lederhautstaphylomen combiniren. Uebrigens ist die Ausdehnung einer Scleralportion schwer denkbar, ohne dass die in ihren Bereich fallenden Emissarien an Wegsamkeit ver-

lieren, womit wieder der Anlass zu vermehrter Spannung der
Bulbuskapsel und im fehlerhaften Cirkel zu einem weiteren
Fortschreiten der Ectasie sowie zur Ausbildung einer Excavation gegeben ist. Endlich schliessen sich partielle Resistenz-
Verminderungen der Bulbuskapsel und sonstige Rigidität derselben nicht nothwendig aus, was beim Glaucom im engeren
Wortsinne der Bindegewebsring und die Excavation, eben so wie
die in den Ausgangsstadien mitunter auftretenden Sclerocho-
rioidalstaphylome bezeugen; daher auch nichts entgegensteht,
einzelne der vorerwähnten Fälle, in welchen sich neben Ectasien umschriebener Kapselportionen unter Symptomen der
Venenstauung und vermehrten intraocularen Druckes eine Excavation entwickelt, in der Bedeutung eines secundären Glaucoms aufzufassen.

Bleibt nach allem dem die Rigidität der Bulbuskapsel
als eine wesentliche Grundbedingung des wahren Glaucoms
aufrecht, so ist auch die Pathogenese des ganzen Leidens nicht
schwer aus den gegebenen Prämissen abzuleiten. Es wurde schon
dargethan, dass Steigerungen des arteriellen Seitendruckes
im Binnenstromgebiete bei freier Circulation dadurch ausge-
glichen werden, dass unter dem Gegendrucke der elastischen
Bulbuskapsel eine grössere Quote des Venenblutes in be-
schleunigtem Strome ausfliesst. Dies setzt selbstverständlich
nicht nur die volle Wegsamkeit der Venendurchlässe, sondern
deren entsprechende Erweiterungsfähigkeit voraus. Bei
rigider Kapsel wird eine solche Erweiterung jedoch offenbar
viel grössere Schwierigkeiten finden, als bei normaler oder
verminderter Resistenz der Sclerotica. Kann dann das venose
Blut, während der arterielle Seitendruck erhöht ist, nicht mit
der erforderlichen Geschwindigkeit ausweichen, so muss nothwendig der Binnendruck und damit auch die Spannung der
Bulbuskapsel wachsen. Diese Spannungszunahme bringt aber nach
dem Vorhergehenden mehrfache Anlässe zu einer wirklichen
Verengerung von Emissarien mit sich; daher die Stauung
rasch überhand nehmen und folgerecht auch der Binnendruck
um so höher steigen kann, je grösser der arterielle Seitendruck
ist, je ausgebreiteter und vollständiger die Hemmung des venosen
Rückflusses wird und je weniger günstig sich die Verhältnisse
für eine die Filtration aus den Gefässen überwiegende Transfusion durch die Cornea und Resorption der Binnenmedien ge-

stalten. Auf der so erklommenen Höhe wird der intraoculare Druck aber auch so lange verharren, als der arterielle Seitendruck auf seinem relativen Maximum stehen bleibt. Fällt weiterhin der letztere, so wird auch der erstere, aber in einem geringeren Verhältnisse sinken und überhaupt viel langsamer als jener zur Norm zurückkehren. Es wirkt nämlich ein wesentlicher Factor der Binnendrucksteigerung, die Venenstauung, fort und kann nur allmälig dadurch beseitigt werden, dass der venose Rückfluss eine Zeit lang den arteriellen Zufluss übertrifft, was eine Erweiterung des Gesammtlumens der abführenden Venenstämme voraussetzt und nach dem Obigen offenbar nur durch eine entsprechende Calibervergrösserung der wegsam gebliebenen, weil unter einem günstigeren Winkel die Sclera passirenden Collateralen geschehen kann. Sobald jedoch der arterielle Seitendruck wieder wächst, muss auch der Binnendruck wieder zunehmen. Die Lösung der so eingeleiteten Stauung wird aber immer schwieriger und am Ende unmöglich werden, indem bei wiederholter oder andauernder Verengerung scleraler Emissarien schliesslich die betreffenden Stammtheile obliteriren und folgerecht die Erweiterung der noch übrigen venosen Durchlässe zum Ausgleiche immer unzulänglicher werden muss.

In Uebereinstimmung mit diesen theoretischen Deductionen datirt der Ausbruch des Glaucoms ziemlich häufig von der Einwirkung einer äusseren Schädlichkeit auf das Auge oder von dem Auftreten einer Keratitis, Iritis, eines durch Zerrung der Regenbogenhaut von Seite vorderer oder hinterer Synechien begründeten Reizzustandes u. s. w., erfolgt also überhaupt unter Umständen, welche eine locale Erhöhung des arteriellen Seitendruckes aus den vorhandenen Gefässsymptomen mit Grund vermuthen lassen.

Neuerer Zeit hat man auch Neuralgien im Gebiete des fünften Gehirnnerven als mögliche Gelegenheitsursachen des Glaucoms erkannt (Wegner l. c. S. 21, Grünhagen und Hippel [1]), was sich ganz gut mit dem Gesagten vereinbaren lässt, da heftige Reizzustände sensibler Nerven sich erwiesener Massen auf die zugehörigen sympathischen Fasern reflectiren und zur Gefässparalyse führen; bei verminderter oder auf-

---

[1]) Grünhagen und Hippel, Ref. in Wien. med. Wochenschrift. 1868. S. 643.

gehobener Cortractilität der Binnengefässe aber der effective
Seitendruck in denselben steigen und folglich auch der Anlass
zu Venenstauungen und zu Erhöhungen des intraocularen Druckes
geboten werden muss.

In anderen Fällen ruft eine locale Steigerung des arteriellen
Seitendruckes den glaucomatosen Process ins Leben, welche
blos die Theilerscheinung einer allgemeinen Zunahme des
Blutdruckes ist und entweder auf vermehrter Herzthätigkeit, oder
auf einer Vergrösserung der gesammten Blutmenge beruht; das
Glaucom entwickelt sich in Folge übermässiger Körperanstren-
gungen, diätetischer Excesse, fieberhafter Gefässaufregungen
u. s. w.

Wenn übrigens das aetiologische Moment des Ausbruches
sehr oft unbekannt bleibt, so kömmt in Betracht, dass schon ganz
geringe Steigerungen des localen Blutdruckes bei gegebener
Disposition zureichen, um die Venenstauung und somit den ganzen
Complex der glaucomatosen Grunderscheinungen nach sich zu
ziehen, dass derlei minder auffällige Circulationsstörungen aber
zu den gewöhnlichen Vorkommnissen gehören und darum von
den Kranken wenig beachtet zu werden pflegen.

Nicht minder entspricht das Wechselvolle in den primären
Symptomen, das häufige Schwanken der episcleralen Gefäss-
injection, der fühlbaren Bulbushärte und der Sehstörung während
den früheren Verlaufsstadien des Glaucoms völlig dem wandel-
baren Charakter arterieller Congestivzustände als des nächsten
pathogenetischen Momentes; sowie anderseits die geringe Veränderlichkeit der genannten Merkmale in den späteren Epochen
der Krankheit ganz im Einklange steht mit der Stabilität pas-
siver Hyperämien. Auch ist die fortschreitende Verödung
venöser Hauptstämme im Bereiche der Papille an älteren Fällen
direkt nachzuweisen und im Aderhautgebiete mit Bestimmtheit
anzunehmen, da das Caliber der vorderen Ciliarvenen mit der
Dauer des Leidens zunimmt und sich nicht mehr verringert,
wenn der Bulbus dem Schwunde verfällt und die Abspannung
seiner Kapsel jeden Anlass zu einer mechanischen Verschliessung
scleraler Emissarien beseitigt. Damit ist aber auch die theo-
retisch abgeleitete steigende Schwierigkeit des spontanen Aus-
gleiches auf eine positive Basis gestellt.

Endlich lässt sich die Heilwirkung der Iridectomie
mit den ausgesprochenen Ansichten in einen logischen Zusam-

menhang bringen. Von vornherein könnte man glauben, dass die Ausschneidung eines breiten Irisstückes durch Verkleinerung des Binnenstromgebietes die Spannung der Bulbuskapsel beeinflusst, insoferne sie das Totale des auf die Augapfelcontenta übergehenden Seitendruckes vermindert. Allein da kömmt in Rechnung, dass die operative Entfernung eines ganz gleichen und selbst grösseren Sectors der Regenbogenhaut ohne dauernden Erfolg bleibt, wenn der Einstich die Cornea in einigem Abstande von der Scleralgrenze traf. Anderseits ist zu bedenken, dass die intraoculare Myotomie, welche die Iris ganz unberührt lässt, kaum schlechtere Resultate liefern kann, da sie in England und Amerika seit Jahren sehr im Schwunge ist und durch die Iridectomie nicht verdrängt wurde. Man hat in richtiger Würdigung dessen auch die theilweise Lostrennung des Ciliarmuskels von seinem Ursprungskreise, beziehungsweise dessen Durchschneidung, als das eigentliche Heilmoment erklärt. Allein da wird wieder ausser Acht gelassen, dass die Contractionszustände des Ciliarmuskels bei geschlossener Bulbuskapsel die Höhe des intraocularen Druckes kaum alteriren (S. 14) und dass ein solcher Einfluss beim Glaucom um so unwahrscheinlicher ist, als die frühzeitige Schwächung und spätere gänzliche Vernichtung des Accommodationsvermögens mit Bestimmtheit auf paretische Zustände des fraglichen Muskels hindeutet.

Es liegt daher sehr nahe, anzunehmen, dass die Eröffnung der Bulbuskapsel durch eine verhältnissmässig lange Wunde dasjenige sei, was bei einer regelrecht durchgeführten Iridectomie, gleichwie bei der intraocularen Myotomie, den therapeutischen Erfolg vermittle. Es frägt sich dabei nur, wie es komme, dass Cornealwunden, selbst sehr lange, wie sie bei der Staarextraction durch den Lappenschnitt gesetzt werden, nur vorübergehende Resultate zu liefern pflegen; während relativ viel kürzere Scleralwunden die Steigerung des intraocularen Druckes dauernd oder wenigstens für eine geraume Zeit hintanzuhalten vermögen, selbst wenn die inneren Lederhautschichten von der Klinge gar nicht getroffen werden, wie dies bei einer regelrecht durchgeführten Iridektomie geschieht, indem hier nur der Einstich in die Sclerotica, der Ausstich aber gewöhnlich in die äusserste Cornealgrenze fällt.

Man muss sich da eben wieder erinnern, dass die eigentliche Grundbedingung des Glaucoms in der Rigidität der
Bulbuskapsel gelegen ist und dass vornehmlich die Resistenz der
äusseren Scleralschichten in Betracht kömmt (S. 41), während
die inneren Lederhautlagen durch die Verbreiterung des Bindegewebsringes und durch die glaucomatose Excavation den Fortbestand einer gewissen Dehnbarkeit bekunden. Man muss weiter
im Auge behalten, dass gerade diese Ungleichmässigkeit der
Dehnbarkeit und folgerecht die von vorne nach hinten zuneh-
mende gegenseitige Verschiebung der inneren und äusseren
Faserlagen einen wesentlichen Factor der Verengerung der
aequatorialen Emissarien, also auch der Venenstauung, abzugeben
scheint. Hornhautnarben, besonders steil durchgreifende,
welche per primam intentionem zu Stande gekommen sind, besitzen nun erfahrungsmässig eine äusserst geringe Dehnbarkeit,
können also die Spannungsverhältnisse der Bulbuskapsel kaum
merklich beeinflussen und entbehren jedenfalls ganz der Fähigkeit, die ungleichmässige Extension und die damit gesetzte
Verschiebung der inneren und äusseren Scleral lagen zu verhindern. Scleralnarben hingegen, insonderheit lange und sehr
schief durch die Lederhautdicke streichende, verhalten sich
wesentlich anders. Sie sind dem Scleralgefüge conform aus
bindegewebigen Elementen construirt, welchen im Allgemeinen
eine viel grössere Dehnbarkeit zukömmt, als den Cornealfasern.
Wenn die neoplastische Intercalarmasse aber nur einige Nachgiebigkeit bewahrt, so werden die äusseren Scleral lagen sich
bei Steigerungen des arteriellen Seitendruckes gleich den inneren
Stratis leicht um ein Gewisses ausdehnen können und damit fällt
eben eine wesentliche Quelle von Venenstauungen weg.

Es spricht für die Richtigkeit dieser theoretischen Schlussfolgerungen das gar nicht seltene Vorkommen glaucomatoser
Augen, an welchen vor Jahren die Iridectomie vorgenommen
worden, der Regenbogenhautausschnitt aber sehr unvoll-
kommen ausgefallen war und ungeachtet dessen die fühlbare
Bulbushärte dauernd herabgesetzt blieb.

Noch bessere Argumente liefern die Ergebnisse einiger
directer Versuche. Ich habe in zwei Fällen von veraltetem chronischen Glaucome, bei welchen die Resistenz der Bulbi
eine sehr beträchtliche war, mittelst eines breiten Lanzenmessers
eine lange Wunde sehr schief durch die Dicke der vorderen

Scleralzone gelegt, wie dies bei der Iridectomie vorgeschrieben ist. Auf dem einen Auge liess ich es dabei bewenden, auf dem anderen jedoch schnitt ich einen breiten Irissector nach den hergebrachten Regeln aus. Das Resultat war beiderseits eine ganz gleiche ansehnliche Verminderung der fühlbaren Bulbushärte und ein Verschwinden jener Erscheinungen, welche mit Grund auf das Walten gesteigerter Binnendruckverhältnisse zurückgeführt werden. Auch dauerten diese Erfolge durch die ganze Beobachtungszeit, durch mehrere Wochen, ungeschwächt fort.

Es muss dabei bemerkt werden, dass ich zu einer solchen einfachen Scleralparacentese bisher nur Augen wählte, welche eine Herstellung oder auch nur Verbesserung des fast ganz erloschenen Sehvermögens absolut nicht erwarten liessen, da es mir widerstrebte, auf Grundlage eines möglicher Weise doch falschen Calculs zu experimentiren, wo durch Hinausschiebung der bewährten Operationsmethoden ein späterer Erfolg erschwert werden konnte. Es bedarf daher noch fortgesetzter Versuche und besonders Jahre langer Beobachtungen glaucomatoser Augen, an welchen eine einfache Scleralparacentese durchgeführt worden ist, um mit voller Beruhigung darüber entscheiden zu können, ob die für die Sehschärfe und das Aussehen der Kranken sehr belangreiche Verstümmelung des Auges, welche durch die Iridectomie gesetzt wird, für den therapeutischen Erfolg erspriesslich ist, oder nicht. Für absolut nothwendig darf sie in Anbetracht der durch die intraoculare Myotomie erzielten Resultate ohnehin nicht gehalten werden. Einzelne Misserfolge können übrigens ein abfälliges Urtheil noch nicht begründen, denn Jedermann weiss, dass auch die nach allen Regeln der Kunst ausgeführte Iridectomie gar oft die gewünschte Wirkung versagt, selbst wenn sie unter anscheinend sehr günstigen Aussichten ins Werk gesetzt worden ist. Will man die Vor- und Nachtheile beider Operationsmethoden richtig erwägen, so muss man die einfache Scleralparacentese gleich der Iridectomie im Falle eines unzureichenden Resultates an einer anderen Stelle der vorderen Lederhautzone wiederholen, um die verminderte Dehnbarkeit der äusseren Scleralschichten nach Bedarf zu steigern. Wird so verfahren, so zweifle ich gar nicht, dass die einfache Scleralparacentese einstens beim Glaucom behufs der Entspannung in Gebrauch kommen und sich auch bewähren wird.

Einfluss abnorm hoher Spannungen der Bulbuskapsel.

Steigt die Spannung und damit der Druck, welchen die elastische Bulbuskapsel auf das Binnenstromgebiet ausübt, so wachsen offenbar auch die Widerstände, welche der arterielle Blutstrom im Inneren des Auges findet. Es wird vorerst also weniger Schlagaderblut eindringen und demgemäss das Caliber der arteriellen Binnenstämme abnehmen. Beim weiteren Steigen der Spannung muss der arterielle Blutdruck gegenüber den zu überwindenden Widerständen immer unzulänglicher werden, so dass endlich nur mehr während der Herzsystole und im Beginne der allgemeinen Arteriensystole Blut in das intraoculare Schlagadergebiet gelangen kann, auf der Höhe der Herzdiastole und der allgemeinen Arteriensystole aber die Zufuhr unterbrochen wird. Es müssen sich also die bekannten Erscheinungen des arteriellen Binnenpulses einstellen. Dieselben werden bei anderweitigen Hindernissen des Blutstromes, wie selbe durch starke Biegungen einzelner Stämme u. s. w. erzeugt werden, an Intensität gewinnen und übrigens bei sonst gleichen Verhältnissen um so deutlicher hervortreten, je grösser der Unterschied des Blutdruckes ist, welcher während der Systole und Diastole des Herzens in den zuführenden extraocularen Arterienstämmen herrscht, je kräftiger also der systolische Herzdruck und je geringer die Elastizität der Schlagaderwandungen und daher der regulatorische Einfluss derselben auf die Blutströmung ist. Nimmt dann die Spannung der Bulbuskapsel noch ferner zu, so wird sich die Dauer der systolischen Blutleere in den betreffenden arteriellen Stammtheilen allmälich verlängern und endlich nur mehr während der Höhe der Herzsystole Blut in das intraoculare Schlagadergebiet eintreten, ja bei einem gewissen Maximum der Spannung wird die Zufuhr gänzlich aufhören.

Aehnlich werden sich die Binnenvenen verhalten. Dieselben müssen, wenn der Druck der elastischen Bulbuskapsel steigt, wegen dem verminderten arteriellen Zuflusse und dem vermehrten venosen Abflusse gleich den Schlagadern dünner werden. In dem Maasse aber als bei zunehmender Kapselspannung der arterielle Binnenstrom an Gleichmässigkeit verliert, muss auch der Rücklauf des venosen Blutes in rhythmische Schwankungen gerathen und zu den Erscheinungen des venosen

Binnenpulses Veranlassung geben. Indem sich nämlich das intraoculare Schlagadergebiet unter dem Drucke der Herzsystole ausdehnt, wird die ohnehin erhöhte Spannung der Bulbuskapsel noch weiter um ein Gewisses steigen und mit entsprechend vermehrter Kraft auf die Binnenvenen zurückwirken. Das Venenblut wird dann in den den Emissarien zunächst gelegenen Stammtheilen viel rascher ausweichen müssen, als es von der Peripherie her zuströmt, indem der arterielle Seitendruck durch die incompressiblen Binnenmedien sich viel schneller auf die Venenwandungen fortpflanzt, als der arterielle Blutdruck durch die Capillaren auf die in den Venen enthaltene Blutsäule übergehen kann. Die nothwendige Folge ist, dass die den Capillaren fernsten, den Scleraldurchlässen also nächsten Stücke der Venenstämme förmlich zusammengedrückt werden und ihren Inhalt vorerst nach Aussen entleeren, dann aber das nachrückende Blut gegen die Peripherie hin zurücktreiben. Es wird also im Beginne jeder intraocularen Arteriendiastole eine Venensystole anheben, ihre Phasen mit ersterer durchlaufen und beim Eintritte der Arteriensystole sich in eine venöse Diastole verkehren. Am ausgeprägtesten werden diese Erscheinungen selbstverständlich dort sein, wo anderweitige Verhältnisse, z. B. winkelige Biegungen der Stammtheile, die Widerstände der Circulation vermehren und dem auf die äusseren Wandungen wirkenden Drucke die Möglichkeit einer kräftigeren Einwirkung bieten. Bei einem gewissen Maximum der Kapselspannung endlich werden die den Scleralemissarien zunächst gelegenen Stücke solcher Venen, welche der Compression besonders günstige Chancen bieten, gleich den unter ähnlichen Verhältnissen befindlichen Arterienstammstücken dauernd leer bleiben.

Die Abhängigkeit der retinalen Pulsphänomene von Spannungsvermehrungen der Bulbuskapsel ist schon seit langem bekannt und die vorstehenden theoretischen Deductionen sind eigentlich nur Umschreibungen dessen, was Graefe [1]) und Donders [2]) auf Grundlage eingehender Beobachtungen und Experimente über den Mechanismus des Binnenpulses vor Jahren gelehrt haben.

Indem ich betreffs der Einzelnheiten auf die citirten Arbeiten verweise, erübrigt blos in Erinnerung zu bringen, dass eine

---

[1]) Graefe, Arch. f. Ophth. I. 1. S. 382.
[2]) Donders, ibid. I. 2. S. 75, 98.

Zunahme der Kapselspannung kaum anders, als durch Compression des Bulbus von Aussen her oder durch Steigerung des intraocularen Druckes wegen vorhandener Venenstauung zu Stande kommen könne und dass auch diese Momente nur unter gewissen Bedingungen ausreichen, um neben dem venosen auch den arteriellen Binnenpuls objectiv sichtbar zu machen.

Eine langsam wachsende noch so beträchtliche Compression des Augapfels, wie sie z. B. orbitale Geschwülste mit sich bringen, wird in der That kaum jemals eine genügende Kapselspannung erzeugen, indem sie den exosmotischen Strömungen hinlänglich Zeit gönnt, um den von Aussen auf die Gefässe wirkenden Druck mit dem intravascularen Drucke ins Gleichgewicht zu setzen. Es ist eben ein rasch ansteigender und kräftiger äusserer Druck, wie ihn ein auf die Oberfläche des Bulbus aufgesetzter Finger auszuüben vermag, nothwendig, auf dass die fraglichen Erscheinungen hervortreten.

Hat ein solcher Druck nicht die erforderliche Kraft, so wird vorerst blos der Venenpuls zum Vorschein kommen. Dieser besteht nämlich schon unter normalen Verhältnissen und ist nur zu wenig excursiv, um ohne Zuhilfenahme starker Vergrösserungen ophthalmoscopisch wahrgenommen werden zu können (Donders l. c. S. 93); es bedarf daher nur einer geringen Zunahme der arteriellen Widerstände und einer davon abhängigen Verminderung der Gleichmässigkeit des arteriellen Stromes, welche zu unbedeutend ist, als dass sie sich durch auffällige Pulsbewegungen an den Centralstücken der Schlagadern beurkunden könnte, um den Venenpuls offenbar zu machen.

Uebersteigt der äussere Druck aber eine gewisse Grenze, so werden die Centralstücke der retinalen Venen und Arterien dauernd leer und der Puls äussert sich nur in einem rhythmischen Hin- und Herschwanken der vom allgemeinen Kreislaufe abgeschlossenen Blutsäulen, was seinen Grund entweder darin findet, dass während der Höhe der Systole und Diastole des Herzens das uveale Stromgebiet noch Blut aufnimmt oder beziehungsweise abgiebt und damit den intraocularen Druck variirt; oder aber dem rythmischen Wechsel des arteriellen Seitendruckes in dem Gefässnetze des orbitalen Polsters auf Rechnung kömmt.

Eben so wenig ist jede Steigerung des intraocularen Druckes wegen Venenstauung mit den Erscheinungen des

a r t e r i e l l e n Binnenpulses verknüpft; im Gegentheile zeigen
sich die letzteren an glaucomatosen Augen n u r s e l t e n s p o n-
t a n, obwohl die fühlbare Bulbushärte sehr häufig eine ganz
enorme ist. Es muss hier eben in Betracht gezogen werden,
dass derlei Resistenzvermehrungen des Augapfels v o r w i e g e n d
durch die R i g i d i t ä t der Bulbuskapsel bedingt werden und dass
eine s p o n t a n e Steigerung des Binnendruckes zu b e d e u t e n d e n
Höhen selbst bei w e i t g e d i e h e n e r Venenstauung und vermehrter Herzthätigkeit überhaupt n i c h t l e i c h t möglich ist. Indem nämlich mit der Zunahme des intraocularen Druckes auch
die W i d e r s t ä n d e des arteriellen Blutstromes wachsen, kann
auch der arterielle S e i t e n d r u c k im Binnenraume und folglich
die S p a n n u n g der Bulbuskapsel nur innerhalb e n g e r e r Grenzen steigen. Es müssen also noch a n d e r e Momente beiwirken,
auf dass unter solchen Umständen der arterielle Binnenpuls sich
geltend machen könne.

Unter diesen Momenten spielt zweifelsohne die R i g i d i t ä t
der z u f ü h r e n d e n A r t e r i e n s t ä m m e sowie der B u l b u s k a p-
s e l eine wichtige Rolle und man wird kaum irre gehen, wenn
man solche Zustände in der Mehrzahl jener Glaucomfälle v o r-
a u s s e t z t, in welchen ein s p o n t a n e r A r t e r i e n p u l s beobachtet
worden ist. Es liegt nämlich auf der Hand, dass der arterielle
Blutstrom durch atheromatose, verkalkte, überhaupt durch s t a r r-
w a n d i g e Gefässe unter einem sehr u n g l e i c h m ä s s i g e n, mit
dem Pulse rhythmisch schwankenden Drucke an den Scleraldurchlässen anlangen müsse und dass eine in i h r e r E l a s t i c i t ä t
geschädigte Bulbuskapsel auch w e n i g geeignet ist, ihn ausgiebig zu reguliren, gleichmässig zu gestalten.

Wo der arterielle Binnenpuls in glaucomatosen Augen n i c h t
s p o n t a n hervortritt, genügt meistens ein r e l a t i v g e r i n g e r
äusserer Druck auf den Bulbus, um ihn zur Anschauung zu bringen. Es sind eben bei erhöhtem Binnendrucke die W i d e r-
s t ä n d e des arteriellen Blutstromes ohnehin schon gesteigert und
es bedarf nur einer k l e i n e n Z u n a h m e derselben, um die Zufuhr während der Herzdiastole unmöglich zu machen.

Einfluss normwidrig verminderter Spannungen der Bulbuskapsel.

S i n k t die S p a n n u n g der Bulbuskapsel und damit der
elastische G e g e n d r u c k, welchen dieselbe auf das Binnenstrom-

gebiet ausübt, so vermindern sich offenbar die Widerstände,
welche der arterielle Blutstrom im Innern des Auges findet. Es
muss also mehr Blut eintreten und, da eine geringere Quote des
Seitendruckes neutralisirt wird, das intraoculare Schlagadernetz
eine Erweiterung erfahren, welche mit der Abnahme der Kapselspannung und mit der jeweiligen Höhe des Blutdruckes steigt
und fällt. Das Caliber der Binnenarterien wird also wachsen und
ausserdem mit den einzelnen Phasen der Herzthätigkeit rhythmisch schwanken, mit anderen Worten: es wird der arterielle
Binnenpuls zum Vorschein kommen, sich aber nicht wie bei
vermehrter Kapselspannung durch abwechselnde Entleerung
und Füllung der arteriellen Centralstücke, sondern dadurch
äussern, dass die im Uebermaasse gefüllt bleibenden Binnenschlagadern bei jeder Herzsystole ihrer ganzen Länge nach
sich um ein weiteres ausdehnen und während der Herzdiastole wieder auf den früheren, noch immer abnorm grossen
Umfang zusammenziehen.

In ähnlicher Weise muss der venöse Theil des Binnenstromgebietes sich erweitern, da das Blut durch die secundär
erweiterten Capillaren unter einem grösseren Drucke in ihm
anlangt, mit der Entspannung der Kaspsel aber ein wichtiger
treibender Factor geschwächt oder gar aufgehoben wird, was
nothwendig zur Verlangsamung der Strömung führt. Pulsphänomene jedoch werden sich hier nur unter der Bedingung
geltend machen können, dass der elastische Gegendruck der
Kapsel nicht völlig auf Null gesetzt ist; denn sonst vermag
sich der arterielle Seitendruck durch die Binnenmedien nicht
auf die äusseren Wandungen der Venen fortzupflanzen.

Im Uebrigen ist es klar, dass bei einer Abnahme oder
gänzlichen Beseitigung des regulatorischen Einflusses der
Bulbuskapsel die Strömungsverhältnisse in den abführenden
extraocularen Venenstämmen auf das intraoculare Blut-
adernetz rückwirken müssen. Die Autonomie des Binnenstromgebietes erscheint demnach bei Entspannungen der
Bulbuskapsel geschädigt oder gänzlich vernichtet. Die
Binnengefässe nehmen folgerecht an allen Störungen Antheil,
welche der Kreislauf im Allgemeinen oder in den nachbar-
lichen Regionen erleidet und diese können dann auch wohl zu
ähnlichen Folgezuständen, wie ausserhalb des Augapfels,
Veranlassung geben.

Es manifestiren sich diese Verhältnisse in der That sehr deutlich, wo die Kapsel durch perforirende Geschwüre oder Wunden und durch consequutive Entleerung eines Theiles der Binnenmedien in den Zustand völliger Entspannung gerathen ist. Die beträchtliche Erweiterung (der Binnengefässe ist dann unter günstigen Umständen bisweilen direct oder mittelst des Augenspiegels nachzuweisen und offenbart sich jedenfalls durch die grosse Geneigtheit zu Hämorrhagien, welche besonders bei Erkrankungen der Gefässe zur Geltung kommt und dann mitunter grosse Blutverluste begründet. Dass die Binnenschlagadern nach Eröffnung der Bulbuskapsel sehr ausgiebig pulsiren, haben die manometrischen Versuche ausser Zweifel gestellt (S. 3).

Bekundet sich aber schon dadurch der Verlust jener Autonomie, welche das Binnenstromgebiet in der Norm behauptet, so kommt die Unterwerfung des letzteren unter die allgemeinen Gesetze des Kreislaufes in noch auffälligerer Weise durch die excursiven Schwankungen zum Ausdruck, welche die Manometersäule bei jedem Wechsel des Respirationsdruckes und überhaupt bei jeder wie immer gearteten Beirrung der normalen Circulationsverhältnisse im Verzweigungsgebiete der Arteria und Vena ophthalmica wahrnehmen lässt (S. 21, 34). Memorski hat überdiess durch Versuche an Hunden sicher gestellt, dass das Binnenstromgebiet nach Eröffnung der Vorderkammer sich bis zum Bersten füllt und wieder entleert, je nachdem das Thier mit dem Kopfe nach ab- oder aufwärts in eine senkrechte Lage gebracht wird (l. c. S. 109).

Endlich sind die Netzhaut- und Glaskörperabhebungen (Iwanoff[1]), welche unter so bewandten Umständen häufig zu Stande kommen, Bürge für die tiefgreifende Störung, welche die en- und exosmotischen Strömungen im Innern des Auges erleiden.

Bekanntlich entwickelt sich der Hydrops subretinalis neben bedeutender Erweiterung der gangbar gebliebenen Binnengefässe constant, wenn der Bulbus in Folge vorausgegangener entzündlicher Processe der Atrophie verfällt und anfängt weich zu werden, vorausgesetzt, dass die Netzhaut nicht in grösserem Umfange mit der Chorioidea verwachsen ist. Umge-

---

[1] Iwanoff, mündliche Mittheilung.

kehrt gehört die auffällige Abnahme der fühlbaren Bulbushärte zu
den gewöhnlichen Nebenerscheinungen auch der übrigen ätio-
logischen Formen der Netzhautabhebung, so dass man an einem
engeren causalen Zusammenhange derselben mit der Entspannung der Bulbuskapsel kaum zweifeln darf. Damit fällt einiges
Licht auf die bisher so dunkle Pathogenese jener Netzhaut-
abhebungen, welche bei progressivem Staphyloma posticum so häufig zur Ausbildung kommen. Es liegt nämlich
auf der Hand, dass die Ausdehnung und Verdünnung einer
grösseren Portion der Lederhaut in der Regel eine Verminderung der Resistenz und folgerecht auch des elastischen Gegendruckes nach sich ziehen müsse, welchen die Bulbuskapsel auf
das Binnenstromgebiet ausübt. Es wird dies also leichter Antheil nehmen an Circulationsstörungen der zu- und abführenden extraocularen Stämme und damit ist auch schon die Störung der en- und exosmotischen Strömungen bedingt. Die
auffällige Hyperämie der hinteren Theile des Augengrundes erscheint dann als eine Consequenz der Entspannung der
Bulbuskapsel, nicht als der Grund einer Erhöhung des intraocularen Druckes und weiterhin der Staphylombildung selbst.
Die Steigerung des Binnendruckes ist ja ohne Stauung im
intraocularen Venengebiete nicht möglich. Wenn aber Congestivzustände der oberen Körperhälfte die Entwickelung
des Staphyloma posticum fördern, so kann dies nur durch die
Theilnahme der Scleralgefässe und durch consequutive Auf-
lockerung und Resistenzverminderung des Lederhautgefüges
erklärt werden, nicht aber durch Zunahme der Kapselspannung.

Einfluss der mydriatischen und myotischen Mittel.

Es herrscht unter den deutschen Augenärzten ziemlich allgemein der Glaube, dass der Binnendruck durch die pupillenerweiternden Mittel gleich primär herabgesetzt, durch
die Myotica hingegen primär gesteigert werde. Man stützt
sich dabei in Betreff der Mydriatica vornehmlich auf einen im
Ganzen sehr rückhaltsvollen Ausspruch Graefe's [1]; in Betreff
der Myotica aber auf die erwiesene grösstentheilige Gegen-
sätzlichkeit ihrer Wirkungen. Es lassen sich dafür aber auch

---

[1] Graefe, Arch. f. Ophth. VIII. 2. S. 162.

positive Gründe geltend machen und zwar die Resultate der mit dem Manometer (Wegner[1]), Adamiuk[2]), Grünhagen[3]) und mit dem Tonometer (Dor[4]) angestellten Versuche, so wie der neuerlich wieder von Coccius[5]) hervorgehobene Umstand, dass die fühlbare Bulbushärte nach anhaltendem energischen Localgebrauche des Atropins bisweilen in höchst auffälliger Weise abnehme.

Fasst man diese Argumente jedoch scharf ins Auge, so gewahrt man bald, dass die Beobachtungen, auf welchen sie fussen, von sehr ungleichartiger Natur sind und nur zum kleinsten Theil mit der Frage in näheren Bezug gebracht werden können.

Die manometrischen Versuche beweisen gar nichts, da mit der Eröffnung der Bulbuskapsel die Autonomie des Binnenstromgebietes und die Stabilität der intraocularen Blutmenge aufgehoben, ausserdem aber dem Ciliarmuskel ein gewisser Einfluss auf die Spannung der Lederhaut eingeräumt wird, die Verhältnisse also sich wesentlich anders gestalten, als in der Norm.

Was aber das Weichwerden des Augapfels nach lange fortgesetzten und häufigen Einträufelungen starker Atropinsolutionen betrifft, so ist dies eine secundäre, in der Regel sehr spät und auch ganz unsicher auftretende Wirkung, welche ihrem Wesen nach in einer Verminderung der Binnenmedien besteht und, im voraus sei es gesagt, auf einer Gefässlähmung mit davon abhängigen Störungen der en- und exosmotischen Binnenströmungen beruht, im Ganzen also einen Zustand wiederholt, wie selber einige Zeit nach der Durchschneidung der dem Quintusstamme anliegenden sympathischen Faserbündel einzutreten pflegt und entferntere Analogien auch in dem nach degenerativer Iridochorioiditis, Glaucom u. s. w. sich entwickelnden Augapfelschwunde findet.

Es bleiben also blos die Resultate der tonometrischen Versuche als mögliche Belege für den directen Einfluss der genannten Mittel auf die jeweilige Höhe des intraocularen Druckes

---

[1]) Wegner, Arch. f. Ophth. XII. 2. S. 16, 17.

[2]) Adamiuk, Centralblatt. 1866. S. 562.

[3]) Grünhagen, Zeitschrift f. rat. Med. 28. Bd. S. 246.

[4]) Dor, Arch. f. Ophth. XIV. 1. S. 13, 45.

[5]) Coccius, der Mechan. d. Acc. Leipzig 1868. S. 109, 110.

übrig. Diese stehen aber im geraden Widerspruche mit der sonstigen Unveränderlichkeit der Druckverhältnisse bei Integrität der Kapsel und bei freiem Abflusse des Venenblutes; finden übrigens auch in der täglichen Erfahrung keinerlei Stütze, indem die sorgfältigsten Untersuchungen weder beim Glaucom noch bei beliebigen anderen Zuständen eine Veränderung der fühlbaren Bulbushärte vor und nach ausgiebigen Einträufelungen kräftiger mydriatischer und myotischer Lösungen erkennen liessen, wie auch Donders [1]) angibt.

Immerhin ist die wenn auch geringe Möglichkeit feiner, nur durch empfindliche Instrumente erweisbarer Abweichungen der Bulbusresistenz nicht ganz ausgeschlossen. Es frägt sich also, ob und wie die bekannten unmittelbaren Wirkungen der genannten Mittel einen Wechsel des intraocularen Druckes erklärlich machen könnten.

Bezold und Götz [2]) haben gefunden, dass Calabarlösungen, in genügender Dosis ins Blut gespritzt, um allgemeine Vergiftungssymptome hervorzurufen, den Blutdruck im gesammten arteriellen Systeme steigern, indem sie die Energie der Herzcontractionen verstärken und durch krampfhafte Verengerung grosser Gefässgebiete die Füllung der Kreislaufshöhle relativ vermehren. Es hat sich eben herausgestellt, dass das Calabar, durch das Blut wirkend, ein starker Erreger für alle nervösen Apparate (Hirn und periphere Ganglien) ist, welche die mit glatten Muskelfasern versehenen Organe des Körpers beherrschen; dass es hingegen lähmend auf das automatische Athmungscentrum im verlängerten Marke wirkt. Es hat sich gezeigt, dass es, die Integrität der sympathischen Nervenleitung vorausgesetzt, eine krampfhafte Verengerung der Blutgefässe am Ohr und im Gekröse veranlasst, wobei die Mesenterialvenen durch spastische Stricturirung ihrer Wandungen mitunter das Ansehen einer Perlenschnur gewinnen (Th. Bauer [3]) und an einen ophthalmoscopischen Befund Liebreich's [4]) beim Glaucome erinnern; dass es bei Katzen einen Milzkrampf begründet, durch welchen dieses Organ hart, derb, höckerig und

---

[1]) Donders, Anomalien der Acc. u. Refr. Wien 1866. S. 499.
[2]) Bezold, Götz, Centralblatt 1867. S. 241.
[3]) Th. Bauer, ibid. 1866. S. 577.
[4]) Liebreich, Atlas der Ophthalmoscopie. Berlin. 1863. Taf. XI. Fig. 1.

runzelig wird (Th. Bauer); dass es durch seinen Einfluss auf
die Darmganglien, also auch nach Durchtrennung des Halsmarkes,
einen heftigen Tetanus in allen Gedärmen erzeugt (Th. Bauer),
durch welchen die Darmarterien auf mechanischem Wege ad
maximum verengt werden (Bezold, Götz); endlich, dass es in
ähnlicher Weise eine Contraction der Blase, der Gebärmutter
und der vom dritten Gehirnnerven versorgten Binnenmuskeln
veranlasst.

Fraser [1]) weicht in einer sehr ausführlichen und auf zahlreiche Versuche an Thieren gestützten Arbeit über die physio-
logische Wirkung der Calabarpräparate zwar mannigfach von
den Ansichten der genannten Autoren ab, bestätigt aber deren
Angaben, so weit sie mit den hier in Frage stehenden Verhältnissen
in nähere Beziehung gebracht werden können. Er beobachtete
nämlich als Folge der Blutvergiftung gleichfalls eine Steigerung des arteriellen Blutdruckes (l. c. S. 41), eine Verengerung
der kleinen Gefässe, welche aber später in eine Erweiterung
übergeht (l. c. S. 51) und spastische Contractionen der Gedärme,
des Uterus, der Eileiter und des Pupillarrandes (l. c. S. 57).

Wird Atropin in grösseren Gaben in das Blut eingeführt, so vernichtet es nach den Experimenten von Bezold
und Bloebaum [2]) die Erregbarkeit in den gangliosen Nerven-
apparaten der mit glatten Muskelfasern versehenen Körper-
organe, insbesondere des Darmkanals, der Blase, der Gebärmutter und der Uretheren vollständig ohne vorhergehende Erregung. Es vermindert den Blutdruck im arteriellen Systeme
durch Schwächung der Energie der Herzcontractionen und durch
Ausdehnung grosser Gefässgebiete. Es vermehrt weiters im
Allgemeinen die Pulsfrequenz durch specifische Einwirkung
auf das hypothetische, im Herzen selbst gelegene Hemmungs-
system, in welches die Vagusfasern enden; kann unter Umständen, bei stärkerer Dosirung, aber auch vorübergehend die Pulsfrequenz sinken machen, und bei übermässigen Gaben selbst
momentan Herzstillstand hervorrufen. Dagegen erweiset es
sich als ein Erreger in Bezug auf das in der Medulla oblongata
gelegene automatische Athmungscentrum.

---

[1]) Transactions of the r. soc. of Edinbourgh. 24. Bd. Separatabdruck.
[2]) Bezold und Bloebaum, Centralblatt 1866, S. 599; 1867, S. 564.

Die Versuchsergebnisse Meuriot's [1] stimmen damit so ziemlich überein. Auch dieser Forscher fand, dass grosse Gaben schwefelsauren Atropins ins Blut eingeführt, den Herzschlag beschleunigen, worauf jedoch eine Pulsverlangsamung folgen soll. Eben so beobachtete er nach starken Dosen des Giftes eine Verminderung des allgemeinen Blutdruckes und zwar trat dieselbe noch vor der Pulsverlangsamung und bisweilen selbst während der Periode der Pulsbeschleunigung ein. Hingegen sah er bei grossen Dosen eine Verlangsamung der Respiration, wie nach Vagus-Durchschneidungen und schliesst daraus, dass dieselben das Athmungscentrum in der Medulla lähmen.

Man könnte nach allem dem auf den Gedanken kommen, dass der präsumptive Wechsel der fühlbaren Bulbushärte, welcher nach Einträufelungen der genannten Giftlösungen in den Bindehautsack an empfindlichen Instrumenten primär ersichtlich werden soll, blos der örtliche Ausdruck für Veränderungen ist, welche der Blutdruck im Ganzen erleidet.

Dagegen ist in Betracht zu ziehen, dass die oben erwähnten Wirkungen den Uebergang relativ grosser Mengen des Giftes in das Blut voraussetzen, also an Bedingungen geknüpft sind, welche bei den Einträufelungen der gebräuchlichen Solutionen niemals und selbst nicht in jenen seltenen Ausnahmsfällen als erfüllt betrachtet werden können, in welchen bei disponirten Individuen mit sehr durchgängigem Thränenleitungsapparate das Atropin, vom Bindehautsacke aus wirkend, allgemeine Vergiftungserscheinungen hervorzurufen pflegt. Wenn unter so bewandten Umständen aber naturgemäss blos kleine Mengen des Giftes in das Blut übergehen können, so müsste nach den übereinstimmenden Beobachtungen von Bezold, Bloebaum und Meuriot eine geradezu entgegengesetzte Wirkung, nämlich eine Erhöhung des intraocularen Druckes, resultiren.

In der That haben die einschlägigen Versuche ergeben, dass kleine Dosen des Atropins, direct in das Blut gegen das Herz hineingespritzt (Bezold, Bloebaum), oder subcutan injicirt (Meuriot), eine anhaltende Erhöhung der Pulsfrequenz und des Blutdruckes nach sich ziehen und dass dies zumeist aus der schwächenden Wirkung zu erklären ist, welche das

---

[1] Meuriot, Centralblatt 1868, S. 878, Gaz. hebd. 1868, Nro 12, 15, 16.

Gift auf das im Herzen befindliche motorische Hemmungscentrum und auf die Irritabilität des Herzmuskels ausübt, zum Theile jedoch auch möglicher Weise auf Rechnung einer Erregung kömmt, welche von dem gereizten Gehirne aus auf die in der Sympathicusbahn verlaufenden Beschleunigungnerven übertragen wird (Bezold, Bloebaum).

Ausserdem darf nicht übersehen werden, dass der intraoculare Druck bei Integrität der Bulbuskapsel und freiem Abflusse des Venenblutes durch Veränderungen des allgemeinen Blutdruckes in nicht merkbarem Grade alterirt wird (S. 24) und dass die örtlichen Wirkungen im Auge viel schwächer hervortreten, wenn das Atropin oder Calabar in Form hypodermatischer Einspritzungen oder innerlich verabreicht wird, als wenn das Gift ungeachtet weit geringerer Dosirung vom Bindehautsacke aus seine Thätigkeit entfaltet.

Falls Einträufelungen der genannten Lösungen in den Conjunctivalsack also wirklich eine Veränderung der Bulbusresistenz mit sich bringen sollten, so müssen die Ursachen hauptsächlich örtliche sein.

Wegner (l. c. S. 16, 17) sucht dieselben bezüglich der Mydriatica in einer Gefässparalyse. „Es scheint ihm nicht zweifelhaft, dass die sowohl nach Durchschneidung des Sympathicus als auch nach der Application von Atropin auftretende Verminderung des intraoculocaren Druckes in beiden Fällen aus der Lähmung und Erweiterung der Gefässe zu erklären sei." Er stützt diese Behauptung auf einen Versuch an Kaninchen, bei welchem die subcutane Injection einer Atropinlösung am Ohre eine starke Gefässerweiterung zur Folge hatte und auf Beobachtungen Schneller's [1] welcher an albinotischen Kaninchen nach der Einträufelung von Atropinlösungen in den Bindehautsack eine Erweiterung der Aderhautvenen gesehen und gemessen hatte. Es begann dieselbe durchschnittlich 8 Minuten nach dem Anfange der Mydriase. Die Gefässe erhielten sich durchschnittlich 2½ Stunden auf der Höhe der Erweiterung und fingen dann langsam an, sich zu verengern, während gleichzeitig die Pupille stärker gegen das Licht zu reagiren oder sich zusammenzuziehen begann.

---

[1] Schneller, Arch. f. Ophth. III. 2. S. 154. 156.

Es lässt sich nun allerdings nichts gegen die Richtigkeit
dieser Beobachtungen einwenden. Allein die Schlüsse, welche
Wegner daraus zieht, entbehren sicherlich einer festen Grundlage. Vorerst enthalten dieselben einen theoretischen Widerspruch. Wenn nämlich die Gefässparalyse an und für sich
wirklich einen Einfluss auf die Höhe des Binnendruckes nehmen
sollte, so müsste dies primär eine Steigerung desselben sein,
da eine geringere Quote des arteriellen Blutdruckes von den
erschlafften Gefässwandungen neutralisirt, also eine grössere
Quote auf die Binnenmedien und die geschlossene Bulbuskapsel übertragen würde. Sodann ist die paralytische Natur
der chorioidalen Gefässerweiterung, von welcher Schneller
spricht, nichts weniger als ausgemacht. Es ist nämlich einerseits
aus bereits erörterten und später folgenden Gründen ganz un-
statthaft, die ein- oder mehrmalige Einträufelung der gebräuchlichen, relativ sehr schwachen Atropinlösungen in den Bindehautsack bezüglich ihrer normalen Primärwirkungen auf eine
gleiche Linie zu stellen mit den subcutanen Injectionen oder
gar mit der Durchschneidung des Halssympathicus (S. 9) oder
des Quintusstammes, nach welcher auch Schiff[1]) eine starke
Erweiterung der Netzhautgefässe eintreten sah. Anderseits
würde eine solche Paralyse Reactionen der Gefässmusculatur in
der Aderhaut voraussetzen, welche jenen in der Iris gerade
entgegengesetzt sind, wie sich sogleich ergeben wird.

Es ist jedenfalls viel wahrscheinlicher, dass diese Erweiterung der Aderhautgefässe als ein Compensationsphänomen
betrachtet werden müsse und blos einen mit der Mydriase nothwendig verknüpften Wechsel in der intraocularen Blutvertheilung zum Ausdrucke bringe.

Es weisen hierauf die Ergebnisse eingehender Untersuchungen hin, welche O. Becker[2]) an den Augen lebender mensch-
licher Albinos zu machen Gelegenheit hatte. Er fand, dass
die Erweiterung der Pupille stets mit einem Anschwellen,
die Verengerung aber mit einem Abschwellen der Strahlenfortsätze verknüpft sei. Da dieses Phänomen unmöglich mit
den wechselnden Spannungszuständen der Kreisfasern des

---

[1]) Schiff, Untersuchungen etc. S. 45, 81.
[2]) O. Becker, Wien. med. Jahrbücher. 1863, S. 159, 170; 1864, S. 3.

Ciliarmuskels (E. Schultze [1]) in Verbindung gebracht werden kann, ohne gegen alle bisherige Erfahrung statt dem Consensus eine Art Antagonismus zwischen dem Sphincter pupillae und dem Ciliarmuskel zu constatiren, so bleibt in der That nichts übrig, als den Grund in einer veränderten Blutvertheilung zu suchen. Man muss annehmen, dass bei der Erweiterung der Pupille ein Theil des in den Irisvenen enthaltenen Blutes gegen die Strahlenfortsätze hin ausweiche und dass die Abschwellung der letzteren bei Myosis in einer verminderten Blutzufuhr von, oder vielleicht gar in einem theilweisen Rückströmen des Venenblutes zur Iris begründet sei. Es gewinnt diese Ansicht eine grosse Stütze in den Arbeiten Leber's [2]), nach welchen ein nicht kleiner Theil der Irisarterien direct in Venen umbiegt und diese ihren Inhalt fast ausschliesslich durch die Wirbelvenen der Aderhaut entleeren, mit welchen sie durch die reichen Blutadernetze der Ciliarfortsätze in unmittelbarem Zusammenhange stehen. Die von Schneller beobachtete Erweiterung der Aderhautvenen erscheint solchermassen wirklich als nothwendige Consequenz der Verengerung des Irisstrombettes.

Es frägt sich nun: Ist mit der Erweiterung der Pupille wirklich eine Verminderung des Raumgehaltes der Iris verbunden oder nicht? Schneller (l. c. S. 134) läugnet dies, indem er aus seinen Versuchen eine mit dem Wechsel des Pupillendurchmessers einhergehende Veränderung des Irisvolums nicht zu begründen vermöchte. Es lässt sich gegen die Richtigkeit dieser Auffassung aber sehr Gewichtiges einwenden. Betrachtet man die Iris als eine, aus einer cylindrischen Röhre senkrecht auf deren Axe ausgeschnittene ebene Scheibe und berechnet man deren Raumgehalt nach den landläufigen Mittelmaassen bei normaler Pupillenweite, so müsste, die Unveränderlichkeit dieses Raumgehaltes vorausgesetzt, die Dicke der Iris bei maximaler Pupillenweite auf mehr als das Dreifache steigen. Die Gleichung würde sich in der Form

$$d_{,} = \frac{(R^2 - r^2)\,\pi\,d}{(R^2 - r_{,}^2)\,\pi}$$

präsentiren, wo d und d, die Dicke der Iris bei normaler und erweiterter Pupille, R den Radius der Irisursprungsebene, r den Radius der normalen und r, jenen der maximal

---

[1]) E. Schultze, Arch. f. mik. Anatomie. III. S. 477, 487, 497.

[2]) Leber, Denkschften der Wien. kais. Akad. XXIV. S. 308, 310, 312.

erweiterten Pupille bedeutet. Wäre in Millimetern ausgedrückt
d = 0.3; R = 6.5; r = 2; r, = 5.5, so ergäbe sich d, = 0.95.
Eine so beträchtliche Dickenzunahme der Iris bei voller Mydriase ist aber, soweit das Augenmaass zur Beurtheilung hinreicht,
sicherlich unter keiner Bedingung annehmbar.

Nimmt bei der Mydriase das Volumen und folglich auch
der Blutgehalt der Regenbogenhaut ab, bei der Myose aber zu,
so wird vermöge des compensatorischen Verhaltens der Aderhautvenen die intraoculare Blutmenge allerdings die
gleiche bleiben können, immerhin jedoch das Verhältniss
des arteriellen und venösen Blutquantums eine merkliche
Aenderung erfahren. Es liegt darum die Vermuthung nicht
ferne, dass die pupillenerweiternden Mittel durch Ein-
engung des Irisstromgebietes und durch Verminderung des
im Inneren des Bulbus vorhandenen arteriellen Blutes eine
Herabsetzung des intraocularen Druckes anbahnen können;
dass hingegen die Calabarpräparate, das Nicotin und andere Mittel, welche bei localer Application die Cornea und Bindehaut
reizen oder chemisch anätzen (Rogow[1]), Grünhagen[2]), durch
Raumvergrösserung des Irisstromgebietes und daherige Vermehrung der im Binnenraume enthaltenen Menge arteriellen
Blutes den intraocularen Druck zu steigern vermögen.

Eine solche Annahme hat aber auch ihre grossen Bedenk-
lichkeiten. Würde mit der Verkleinerung des Irisstromgebietes
der Binnendruck sinken, so müssten auch die Widerstände
geringer werden, welche der Blutstrom in den hinteren Ciliar-
arterien und der centralen Netzhautschlagader findet, der
effective Seitendruck in deren Verzweigungen also grösser
werden und damit ist eben schon der Ausgleich ermöglichet.
Umgekehrt müsste eine Zunahme des Binnendruckes wegen
Vergrösserung des Irisstromgebietes eine Vermehrung der
Widerstände in den chorioidalen und retinalen Schlagadern
setzen und ein etwa noch restirendes Uebermaass effectiven
arteriellen Seitendruckes durch den beschleunigten Rückfluss des Venenblutes neutralisirt werden.

Dagegen wäre es ein sehr schwacher und eigentlich ganz
unstatthafter Einwand wider den Einfluss, welchen ein Wechsel

---

[1]) Rogow, Zeitschft. f. rat. Med. 29 Bd. S. 14, 21—30.
[2]) Grünhagen, ibid. 28. Bd. S. 246, 248.

des Pupillendurchmessers auf die jeweilige Höhe des intraocularen Druckes nehmen soll, wenn man geltend machen wollte, dass die Pupille bei pathologischen oder durch gewaltsames Einspritzen von Flüssigkeiten in die Augapfelhöhle (Hensen-Völckers[1]) künstlich begründeten Steigerungen des Binnendruckes sich gerade im Gegentheil zu erweitern, und bei Annullirungen des Binnendruckes wegen partiellem Ausflusse oder wegen krankhaft erhöhter Resorption der dioptrischen Medien sich sehr stark zusammenzuziehen pflege. Es sind die Verhältnisse hier nämlich ganz andere.

Pathologische Drucksteigerungen sind eben an Venenstauungen gebunden. Sie vermehren offenbar die Widerstände des arteriellen Binnenstromes, daher die Schlagadern enger werden. Doch gelangt das Blut unter einem viel grösseren Drucke in die Venen, wie neuerdings wieder Cohnheim[2]) nachgewiesen hat und steigert hier unter sonst gleichen Umständen den Seitendruck im Verhältnisse zu den vorhandenen Abzugshindernissen. Es wird also eine relativ viel grössere Quote des Blutdruckes auf die Binnenmedien übertragen und der intraoculare Druck kann trotz der absoluten Verminderung des arteriellen Seitendruckes zunehmen und erhöht bleiben. Die Vermehrung der Widerstände macht sich dann selbstverständlich auch im arteriellen Theile des Irisstromgebietes geltend, während die vorderen Ciliarvenen, mit welchen das letztere direct communicirt, aus den erwähnten anatomischen Gründen durchgängig bleiben. Es wird daher bei der Steigerung des Binnendruckes weniger arterielles Blut und unter geringerem Drucke in die Regenbogenhautgefässe eintreten, das venöse Blut aber mit Beschleunigung nach Aussen entweichen und so auf rein mechanische Weise eine Volumsverminderung der Iris resultiren können, auch wenn die Musculatur dabei ganz unthätig bliebe.

Bei forcirten Einspritzungen von Flüssigkeiten in die Bulbushöhle ist der intravasculare oder Seitendruck, also die Kraft, welche sonst die Höhe des Binnendruckes bestimmt, nicht etwa erhöht, sondern im Gegentheile geschwächt. Es wird eben, wie bei einem mittelst des Fingers auf den Augapfel aus-

---

[1]) Hensen-Völckers, Experimentaluntersuchungen etc. S. 20.
[2]) Cohnheim, Centralblatt 1868. S. 69.

geübten Drucke, eine äussere Kraft auf das zwischen den
incompressiblen Binnenmedien und der Kapsel eingeschlossene
Binnenstromgebiet übertragen, dieses zusammengedrückt, daher
der Eintritt arteriellen Blutes erschwert, der Austritt des
venösen Blutes durch sämmtliche Emissarien der Sclerotica
beschleunigt und solchermassen eine Verkleinerung des
Calibers der Arterien und Venen, also auch eine Volumsverminderung der Regenbogenhaut bewerkstelligt.

Nach Verlust eines beträchtlicheren Theiles der
Binnenmedien erscheinen sowohl die Widerstände des arteriellen Stromes als die Triebkraft des venösen Blutes sehr
herabgesetzt, daher die Arterien und die Venen des gesammten
Binnenstromgebietes sich enorm ausdehnen und folglich auch
den körperlichen Inhalt der Iris vergrössern. Der Seitendruck in den Gefässen ist dabei offenbar sehr gesteigert, er
kann sich aber nicht in der gewöhnlichen Weise zur Geltung
bringen, da die ungenügende Füllung der Bulbushöhle und die
beschränkte Erweiterbarkeit der Gefässe seine Fortpflanzung auf
die Kapsel und deren Spannung unmöglich machen.

Eben so wenig stehen die Ergebnisse von Kussmaul's [1]
„Untersuchungen über den Einfluss, welchen die Blutströmung
auf die Bewegung der Iris und anderer Theile des Kopfes ausübt", in einem wirklichen Widerspruch mit der Annahme, dass
Veränderungen des Pupillendurchmessers unter normalen Verhältnissen einen nur durch empfindliche Instrumente erkenn-
baren Wechsel des intraocularen Druckes mit sich bringen können. Es sind folgende: 1) Vorenthaltung der arteriellen
Blutzufuhr durch Compression beider Carotiden an Thieren
hatte 12 mal in 19 Fällen unter Erblassung der Iris eine wenig
ausgesprochene Verengerung der Pupille zur Folge (l. c. S. 11),
welche jedoch nach Ablauf weniger Secunden wieder nachliess
(l. c. S. 15). 2) Wurde nach vorläufiger Unterbindung der linken
Art. subclavia der Truncus anonymus comprimirt, so kam
es unter Erblassung der Iris und des Augengrundes constant zu einer sehr starken Verengerung des Sehloches,
welche jedoch nach 8—20 Secunden sich in eine fast maximale Mydriase verkehrte (l. c. S. 19, 20). 3) Plötzliche
Entleerungen grosser Mengen Blutes aus den Arterien des

---

[1] Kussmaul, Inaug. Diss. Würzbg. 1855.

Halses bedingten s o f o r t E r w e i t e r u n g der Pupille, Convul-
sionen und den Tod; k l e i n e r e Blutentleerungen aus diesen Gefässen bis zu einem gewissen Grade fortgesetzt bedingten V e r -
e n g e r u n g der Pupille und, wenn sie nicht gestillt wurden, endlich E r w e i t e r u n g derselben (l. c. S. 27). 4) Wurde den Thieren
zuerst Blut aus den H a l s v e n e n bis zur Erschöpfung entzogen
und dann beiderseits die C a r o t i s zusammengedrückt, so v e r -
e n g t e sich die Pupille, jedoch nie zu dem Grade, welchen sie
v o r dem Blutverluste in der Rückenlage des Thieres dem Lichte
ausgesetzt eingenommen hatte (S. 36). 5) Wurde bei den Com-
pressionsversuchen durch Entfernung der Pincette d e r a r t e -
r i e l l e B l u t s t r o m w i e d e r h e r g e s t e l l t, so gingen alle Erscheinungen wieder zurück, ja die Pupille erweiterte sich nach c o m -
p l e t e r Unterbrechung des a r t e r i e l l e n Zuflusses bei nachfolgender
H e r s t e l l u n g desselben ü b e r das vor dem ganzen Versuche
gegebene Maass, wenn auch nur v o r ü b e r g e h e n d (l. c. S. 23).
6) Z u r ü c k h a l t u n g des v e n ö s e n Blutes durch Zusammen-
drückung der H a l s v e n e n hatte auf die Pupillenweite einen zu
geringen und zu wenig constanten Einfluss, als dass daraus bestimmte Schlüsse gezogen werden könnten (l. c. S. 28, 31). Das-
selbe gilt von v e n ö s e n B l u t e n t z i e h u n g e n am Halse (l. c. S. 33 [1]).

---

[1]) Dagegen sah K u s s m a u l (l. c. S. 3) bei einigen K r a n k e n nach
Compression der Carotiden blos E r w e i t e r u n g der Pupille und weist auf die
Beobachtungen von B r o w n - S e q u a r d hin, nach welchen die Pupille sich
h ä u f i g v e r e n g t, wenn man Kaninchen längere Zeit an den Beinen aufhängt.
W i l l i a m s (New-York Med. Record. 1868. Nro. 53. S. 75) erzählt einen Fall,
wo wegen eines A n e u r i s m a d e r A r t e r i a o p h t h a l m i c a oculi sinistri v o r -
erst die l i n k e Carotis und 30 Tage darnach auch die r e c h t e Carotis u n t e r -
b u n d e n worden war. Am Tage der z w e i t e n Operation erschien die Pupille
ganz beweglich und von dem Eingriffe nicht merklich beeinflusst. Tags darauf
jedoch war sie h ö c h s t g r a d i g e r w e i t e r t und reagirte nur schwach gegen
Lichtwechsel. Der Fall bietet auch anderweitiges grosses Interesse, daher ich
ihn auszugsweise folgen lasse. Ursache war ein Trauma, welches einen tiefen
Eindruck im Schädelgewölbe, vom Scheitel bis zum linken Stirnbeinhöcker
reichend, hinterliess und nach welchem sich alsbald Exophthalmus linkerseits
ausgebildet hatte. Das linke Auge war bis zu seinem Aequator in die Lid-
spalte vorgetrieben, letztere jedoch noch schliessbar. Die conjunctivalen und
besonders die subconjunctivalen Gefässe zeigten sich an Zahl und Caliber
sehr vermehrt, überaus stark geschlängelt, mit leichtem Oedem am äusseren
Canthus. Im Bereiche der Orbita beobachtete der Verf. eine kräftige Pulsation
mit intensivem fühlbaren Zittern und lautem aneurismatischen Geräusch, welches von dem Kranken selbst gehört wurde und am auffälligsten am inneren

Die primäre Verengerung der Pupille, welche der Unterbrechung oder bedeutenden Verminderung des arteriellen Blutzuflusses zu folgen pflegt, kann eben so wenig, wie die Myose, welche bei Eröffnung der Kammer an frisch getödteten Thieren beobachtet wird, in einen directen Zusammenhang mit der unzweifelhaften Verminderung des Blutdruckes im Irisstromgebiete gebracht werden, sondern kömmt sicherlich auf Rechnung von Erregungszuständen des dritten Gehirnnervenpaares und in zweiter Linie auf Rechnung einer Gehirnreizung. Die letztere spricht sich nämlich in den begleitenden Erscheinungen ganz deutlich aus (l. c. S. 19) und was die erstere betrifft, so liefern die häufige Einwärtskehrung der Augen (l. c. S. 11, 20, 27) so wie die Schnelligkeit, mit welcher sich die primäre Myose im Gegensatze zur nachfolgenden Erweiterung der Pupille entwickelt (l. c. S. 15, 20) und deren geringe Dauer eine genügende Bürgschaft.

Canthus und über den Brauen war.   Dabei war das Sehvermögen linkerseits sehr geschwächt, rechterseits intact.   Die Netzhautgefässe erschienen im linken Auge excessiv ausgedehnt und geschlängelt, besonders die Venen. Ueberdies zeigten sich alle Erscheinungen einer Neuroretinitis mit reichlicher Productbildung und zahlreichen kleinen Ecchymosen, besonders längs den Venen und wo letztere scharfe Biegungen machen.   Es wurde nun linkerseits die Carotis unterbunden; das fühlbare Zittern und das Geräusch war sogleich verschwunden, kehrte jedoch nach 2 Stunden wieder und wechselte in der Folge bezüglich seiner Intensität sehr.   Das Sehvermögen war durch die Operation nicht verschlechtert worden, der Kranke zählte mit dem linken Auge vor wie nach auf 2 Fuss Entfernung die Finger.   Der Augenspiegelbefund hatte sich 17 Tage nach der Operation nicht geändert, nur erschien die Trübung längs den Gefässen etwas gesättigter und an den Biegungen der letzteren stellenweise mit dichteren Flecken durchsetzt.   Am 30. Tage nach der Operation wurde auch die rechte Carotis unterbunden. Das Zittern und das Geräusch waren sogleich völlig verschwunden, machten sich jedoch nach 5 Minuten wieder in sehr geringem Grade bemerklich.   Die Pupillen reagirten wie früher; auch das Sehvermögen hatte nicht abgenommen. Tags darauf jedoch fand man neben maximal weiter Pupille das Sehvermögen linkerseits auf blosse Lichtempfindung gesunken, rechts intact.   Im weiteren Verlaufe schwand das Zittern und Geräusch völlig, die Neuroretinitis ging zurück, die Gefässe streckten sich und wurden schmäler, das Sehvermögen hob sich links wieder zum Fingerzählen.   Dabei zeigte sich in Uebereinstimmung mit den Beobachtungen Graefe's bei Cholerakranken (S. 26), dass schon der geringste äussere Druck auf den Augapfel hinreichte, um die centralen Enden der Netzhautgefässe, und zwar der Arterien sowohl als der Venen, gänzlich zu entleeren, während Pulsphänomene an denselben absolut fehlten.

Die Erweiterung des Sehloches hingegen, welche bei der Unterbrechung der arteriellen Blutzufuhr secundär und bei plötzlichen grossen arteriellen Blutverlusten auch primär eintrat, kann allerdings in einem wenigstens entfernteren Abhängigkeitsverhältnisse zur Verminderung des arteriellen Seitendruckes im Irisstromgebiete stehen. Sie war nämlich stets an Erscheinungen geknüpft, welche ganz den Charakter der Gehirnlähmung an sich trugen und an Bewegungen, welche offenbar vom Rückenmark und von den sympathischen Nerven aus angeregt wurden (l. c. S. 19). Es ist aber klar, dass bei Schwächung des Sphincter und bei Verminderung des arteriellen Blutdruckes in der Iris der Dilatator pupillae und die Gefässmusculatur der Regenbogenhaut ins Uebergewicht kommen müssen, auch wenn deren sympathische Nervenfasern ihren Erregungszustand nicht ändern würden.

Im Ganzen besagen die Kussmaul'schen Experimente also nur, dass die Pupille sich bei Herabsetzungen des örtlichen Blutdruckes sowohl verengern als erweitern könne, was auch aus anderweitigen Beobachtungen klar erwiesen ist. Sie schliessen aber die Möglichkeit compensatorischer Blutanhäufungen in den hinteren Theilen des Binnenstromgebietes mit Ausnahme von Nro. 2 nicht aus und lassen sich demnach weder als Gründe noch als Gegengründe in Bezug auf die Stabilität des intraocularen Druckes benutzen.

Alles in allem bleibt daher die Frage, ob ein Wechsel des Pupillendurchmessers sehr geringfügige Veränderungen des Binnendruckes begründen könne, eine offene, wenn auch die grösste Wahrscheinlichkeit für das Gegentheil ist.

Es tritt nun die Aufgabe heran, jene Factoren näher zu bezeichnen, welche unter normalen Druckverhältnissen die bei jedem Wechsel des Pupillendurchmessers nothwendige Aenderung der Blutvertheilung vermitteln, das Irisstromgebiet bei der Mydriase verengern, bei der Myose erweitern.

Grünhagen[1]), welcher den Dilatator pupillae läugnet und hierin von Salkowski[2]) unterstützt wird, lässt nur die

---

[1]) Grünhagen, Virchow's Archiv 30. Bd. S. 481; Zeitschft. f. rat. Med. 31. Bd. S. 403, 406; ibid. 29. Bd. S. 33, 284; Berlin. med. Wochenschft. 1865. S. 253.

[2]) Salkowski, Zeitschft. f. rat. Med. 29. Bd. S. 189.

Verengerung der Pupille durch Muskelkräfte zu Stande kommen, die Erweiterung des Sehloches und die damit verknüpfte Raumverminderung des Irisstromgebietes aber durch die Federkraft elastischer Gewebselemente bewerkstelligt werden. Es ist aber schwer zu glauben, dass die Federkraft des im Ganzen sehr spärlichen und an elastischen Elementen armen Stroma eine so grosse ist, dass sie im lebenden Auge bei Abspannung des Sphincter den relativ sehr bedeutenden Blutdruck zu überwinden vermag. Zudem müsste, wenn die Elasticität dies leistete, am Cadaver stets Mydriase beobachtet werden, da die Federkraft als eine rein physicalische Eigenschaft nach dem Tode länger vorhalten würde, als die Contractilität der entgegenwirkenden, vom Oculomotorius innervirten Muskelfasern, und doch ist jenes nicht der Fall.

Grünhagen hat die Unzulänglichkeit einer solchen Anschauung auch selbst gefühlt und auf Grundlage zahlreicher Experimente sich dahin ausgesprochen, dass das Irisstroma unter der Herrschaft besonderer, vom Trigeminus stammender Nervenfasern stehe und seine Elasticitätsverhältnisse je nach den wechselnden Erregungszuständen dieser Nerven ändere, ja geradezu die Fähigkeit besitze, sich gleich Muskelfasern auf gewisse Nervenimpulse zusammenzuziehen und auf andere wieder sich auszudehnen. Doch reichen die Gründe, welche er dafür aus seinen Versuchen an Thieren ableitet, lange nicht hin, um ein Verhalten des bindegewebigen Irisstroma unzweifelhaft zu machen, welches in dem Bindegewebe anderer Körpertheile ohne Beispiel ist. Ueberdies sind die Streichungs-Verhältnisse der bindegewebigen Elemente des Irisstroma einer solchen Annahme nichts weniger als günstig. Die Hauptfaserzüge laufen nämlich in der vorderen Schichte der Regenbogenhaut concentrisch, in den hinteren radiär (Merkel [1]), stehen sich in Bezug auf ihre elastischen Kräfte also antagonistisch gegenüber und müssten, um eine Erweiterung der Pupille zu begründen, in ganz entgegengesetzter Weise innervirt werden.

Aber auch ein muscularer Dilatator pupillae, wie ihn Kölliker, Luschka [2]), Henle [3]) und Merkel (l. c.) beschreiben,

---

[1]) Merkel, Zeitschft. f. rat. Med. 31. Bd. S. 136, 139, 142.
[2]) Kölliker, Luschka, ibid. 32. Bd. S. 123.
[3]) Henle, ibid.; Eingeweidelehre, Braunschweig 1866, S. 634, 635.

ist nicht im Stande, die an Veränderungen des Pupillen-durchmessers geknüpften Volumswechsel der Iris zu erklären. Bildet derselbe nämlich eine gleichförmige dünne Lage radiärer Muskelfasern an der hinteren Begrenzungs-schichte der Regenbogenhaut, so wird er wohl das Sehloch zu erweitern, nimmer aber das seiner Gesammtheit nach vor ihm liegende Irisstromgebiet zu comprimiren vermögen, daher die retrahirte Iris einen schmalen, aber dicken Wulst bilden müsste, während ihre Mächtigkeit in diesem Zustande von der bei enger Pupille nicht merklich verschieden ist. Die geringe Veränderlichkeit der Dicke der Iris bei erweitertem und ver-engertem Sehloch ist eben nur begreiflich, wenn deren Gefässe selbst während der Mydriase contrahirt, während der Myose ausgedehnt sind.

Es müssen folgerecht die mydriatischen Lösungen, als Einträufelung angewendet, die Gefässmusculatur direct oder indirect erregen, die Myotica hingegen lähmend auf diesel-ben wirken.

Einer solchen Annahme stehen nun allerdings eine Reihe von Versuchsergebnissen entgegen. Was das Atropin betrifft, so haben Bezold und Bloebaum [1]) gefunden, dass schon sehr ge-ringe Mengen des Giftes die Erregbarkeit der Muskeln im Darm-kanale, in der Blase, dem Uterus und den Harnleitern herab-setzen, grössere Dosen dieselbe aber vollständig vernichten, und dass es dabei ganz gleich sei, ob man das Mittel erst vom Blut aus oder local einwirken lässt.

Es hat sich ferner herausgestellt, dass nach der Anwendung grösserer Mengen Atropins es auch nicht mehr gelingt, die glatten Muskeln direct zu erregen, daher dieselben entweder keine eigene Irritabilität besitzen, oder diese durch das Gift im Gegensatze zu jenen der quergestreiften Muskelfasern verlieren. Den Einfluss sehr geringer Atropinmengen auf die bezeichneten Organe schreiben die genannten Forscher einer ähnlichen specifischen Wirkung des Atropins auf die gangliosen Apparate der glatten Muskelfasern zu, wie auf die Hemmungsganglien im Herzen. Die Mydriasis soll das Gift jedenfalls ausschliesslich durch einen erregbarkeitsverändernden, nicht durch einen reizenden Einfluss bewirken, für welchen letzteren sich in der Wirkung des Atropins auf andere Organe gar keine Analogie bietet.

Auch sind die Beobachtungen von Coccius (l. c. S. 103, 104) nicht ganz geeignet, die oben ausgesprochene Behauptung zu stützen. Es zeigte sich durchgehends, „dass die (durch

---

[1]) Bezold und Bloebaum, Centralblatt 1867, S. 566.

Mydriatica) erzwungene Erweiterung der Pupille ein Erblassen,
selbst ein Verschwinden ganzer Gefässe in der Iris zur Folge
hatte; ja dies war sogar an solchen Stellen der Iris bemerkbar,
welche Synechien mit der Kapsel eingegangen waren, so dass
also die Iris hier nicht zurückgezogen werden konnte. Im Anfange der Wirkung trat allerdings stets eine vermehrte
Röthung der Gefässe ein; wurde die stark mydriatische Be-
handlung aber mehrere Tage fortgesetzt, so konnte man die auf-
fälligste Verminderung der Gefässe beobachten." Es würde
sich nach allem dem die Verengerung des Irisstromgebietes als
eine secundäre Wirkung mydriatischer Einträufelungen ergeben;
während die Zurückziehung der Regenbogenhaut primär mit einer
Lähmung und einer davon abhängigen Erweiterung der Irisgefässe verbunden sein müsste, was mit den geänderten Volums-
verhältnissen der Regenbogenhaut im Widerspruche steht. Oder
soll vielleicht die „vermehrte Röthung der Gefässe", von welcher
Coccius spricht, eine vermehrte Röthung der Iris bedeuten und
daraus zu erklären sein, dass die Gefässe schon während der
Retraction der Regenbogenhaut sich mehr zusammendrängen
und dann trotz der absoluten Verminderung ihres Gesammt-
calibers dem Organe eine gesättigtere Färbung verleihen, später
aber, bei fortdauernder Einwirkung des Giftes, sich noch weiter
contrahiren und so allmälig zur Erblassung führen?

Dagegen stehen die Versuchsresultate Meuriot's (l. c.) mit
den theoretischen Postulaten in gutem Einklange. Nach diesen
bewirkt eine neutrale Atropinlösung, auf die Schwimmhaut des
Frosches oder auf das Mesenterium der Ratte gebracht, „sehr
schnell eine Verengerung der kleinsten Arterien um ein
Drittel bis selbst um die Hälfte und eine Beschleunigung des
Blutstromes, auf welche dann bei längerer Einwirkung eine von
den Venen aus sich nach rückwärts erstreckende Stase folgt."

Zu ähnlichen Ergebnissen ist Fraser (l. c. S. 67) in Bezug
auf die Wirkung örtlich applicirter Atropinlösungen gekommen und hält desshalb dafür, dass durch dieselben der Dilatator pupillae und die Gefässmuskeln zur Contraction bestimmt werden.

Zugleich löst er den scheinbaren Widerspruch, welcher
zwischen der Volumsvergrösserung einer myotischen Iris
und der Behauptung Bezold's und Götz's (l. c.) besteht, nach
welcher das Calabar, durch das Blut wirkend, ein starker

Erreger für alle nervosen Apparate ist, welche glatte Muskelfasern beherrschen und demgemäss eine Contractur der Gefässe mit sich bringt. Er fand nämlich, dass die Reaction der glatten Muskeln eine ganz andere sei, je nachdem das Gift direct oder mittelst des Blutes auf die massgebenden Theile wirkt. Es zeigte sich nach eingehenden Experimenten, dass die Calabarpräparate, mit organischen Muskelfasern in unmittelbare Berührung gebracht, dieselben lähmen, während eine solche Wirkung ausbleibt, wenn das Blut den Vermittler abgibt. Es war diese Reaction besonders auffällig an den Gedärmen (l. c. S. 63), aber auch deutlich am Herzen (l. c. S. 64) und an den kleineren Blutgefässen, welche sich stark erweiterten (l. c. S. 66). Am Auge constatirte er als Folge der localen Einwirkung des Mittels neben der Myose Vermehrung der Thränenabsonderung, conjunctivale Hyperämie und auch Congestion der Iris (l. c. S. 67). Er schliesst daraus, dass das Calabar, örtlich angewendet, den Dilatator und die Gefässmuskeln der Iris erschlafft.

Es ist nach den bekannten Versuchen de Ruiter's und Graefe's [1]) nun wohl keinem Zweifel unterworfen, dass die genannten Mittel, in Form von Einträufelungen in den Bindehautsack gebracht, durch Diffusion in den Kammerraum gelangen und von hier aus unmittelbar auf die Musculatur der Iris einzuwirken und solchermassen die Bedingungen zu erfüllen vermögen˝, unter welchen in den Versuchen Fraser's und Meuriot's die abweichenden Wirkungen erzielt wurden.

Allein es ist eben so gewiss, dass, wenn die organischen Muskelfasern selbst von den Giften beeinflusst würden, jene charakteristischen Reactionen nicht leicht zu Stande kommen könnten. Es sind nämlich die Elemente des Sphincters und des Dilatators der Pupille so wie auch der Gefässmusculatur vollkommen gleich construirt, und man hat darum auch nicht den mindesten Grund zu glauben, dass sich die einzelnen Bündelgruppen identischen Einwirkungen gegenüber in völlig entgegengesetzter Weise verhalten.

Man muss daher, ganz abgesehen von den dafür sprechenden positiven Beweisen, annehmen, dass die specifisch verschiedenen Nerven der einzelnen Muskeln es sind, welche von

---

[1]) De Ruiter, Graefe, Arch. f. Ophth. IX. 3. S. 117.

den fraglichen Giften unmittelbar betroffen werden und dass
die bezüglichen Reactionserscheinungen nur die conträren Erregungszustände dieser Nerven zum Ausdrucke bringen. Es
wird insofern nothwendig, etwas näher auf die Innervations-
Verhältnisse der Iris einzugehen.

Die Innervations-Verhältnisse der Regenbogenhaut.

Es steht vollkommen fest, dass der Sphincter pupillae
und der Ciliarmuskel von Zweigen des dritten Gehirnnervenpaares beherrscht werden, welche das Ganglion
ciliare passiren und nach Hensen-Völcker's (l. c. S. 17)
mit den anderen Ciliarnerven gemischt in vier Hauptbündeln
zum Ciliarkörper laufen, sich hier je in dem betreffenden Quadran-
ten der genannten Muskeln vertheilen und, einzeln gereizt oder
durchschnitten, auch local begrenzte Reactionen vermitteln.

Das fragliche Abhängigkeitsverhältniss ist durch eine Reihe
sorgfältig durchgeführter Versuche sowohl an Thieren, als an
frischenthaupteten Menschen verbürgt. Reizung des
Oculomotorius innerhalb der Schädelhöhle hat nämlich stets
Verengerung, Durchschneidung desselben aber Erweiterung der Pupille zur Folge, vorausgesetzt, dass nicht
ganz besondere Verhältnisse die Reaction verhindern und dass
der Nerv gehörig isolirt wurde, also nicht etwa der in der Nähe
streichende Ast des Sympathicus in Mitleidenschaft gezogen
wurde, in welchem Falle das Resultat allerdings ein ganz entgegengesetztes werden und zu irrthümlichen Auffassungen ver-
leiten kann (Budge [1]), Donders l. c. S. 487).

Nicht minder beweiskräftig sind die Motilitätsstörungen,
welche die complete Lähmung des Oculomotorius charakteri-
siren, insbesondere die vollständige Vernichtung des Accommodationsvermögens und die gänzliche Unbeweglichkeit der
halb erweiterten Pupille bei adaptiven und auf Convergenz
der Gesichtslinien gerichteten Impulsen, so wie bei wechselnder
Intensität des das Auge treffenden Lichtes, kurz gesagt: der
Verlust der Reactionsfähigkeit gegen alle willkürliche, consensuelle und reflectorische Nervenerregungen, welche unter
normalen Verhältnissen vom Gehirn aus Verengerungen der
Pupille vermitteln (Donders l. c. S. 487, 490).

---

[1] Budge. Ueber die Bewegung der Iris. Braunschweig 1855, S. 83, 85.

Der zweite hier in Betracht kommende Nerv ist der Cervicaltheil des Sympathicus. Er führt den bei der Erweiterung der Pupille thätigen Muskeln motorische Fasern zu, welche in der Medulla oblongata (Schiff l. c. S. 198, Salkowski [1]) oder noch höher in der Pedunculis cerebri (Budge nach Landois und Eulenburg [2]) entspringen, in den vorderen Strängen des Rückenmarkes ungekreuzt nach abwärts streichen, in den vorderen Wurzeln der beiden untersten Halsnerven und vorzüglich der beiden obersten Brustnerven hervortreten, sich bald aber davon abtrennen, um mit dem Grenzstrange des Sympathicus vereinigt zu werden und in diesem nach aufwärts zu steigen.

Durchschneidung des Cervicaltheiles des Sympathicus hat nämlich stets eine Verengerung (Petit [3]), Reizung aber eine Erweiterung der Pupille (Biffi [4]) zur Folge und zwar bleibt sich die Reaction im Wesentlichen gleich, es möge dieser oder jener Punkt des Nervenstammes zwischen dem oberen Halsganglion und dem dritten Brustganglion durchschnitten oder beziehungsweise das obere Schnittende gereizt werden (Budge l. c. S. 107).

Eben so zieht Trennung der vorderen Wurzeln des 7. bis 10. Rückenmarksnerven von der Medulla Verengerung, Reizung der peripheren Enden aber Erweiterung der Pupille nach sich (Budge l. c. S. 109, 111). Dagegen wird diese Reaction vermisst, wenn die vorderen Wurzeln der oberen 6 Halsnerven (Budge l. c. S. 127) oder des dritten und der folgenden Brustnerven durchschnitten oder gereizt werden. Gegen derlei Eingriffe auf die hinteren Wurzeln des 7. bis 10. Rückenmarksnerven reagirt die Pupille nur schwach und unter Voraussetzung der Integrität der vorderen dazu gehörigen Wurzeln (Budge l. c. S. 111), so dass es bei der Schwierigkeit genügender Isolirung nahe liegt, die Erscheinungen aus der Mitleidenschaft der letzteren zu erklären (Salkowski l. c. S. 189).

---

[1] Salkowski, Zeitschft. f. rat. Med. 29. Bd. S. 167, 185, 189, 190; Centralblatt 1867, S. 487.

[2] Landois, Eulenburg, Wien. med. Wochschft. 1867, Nro. 64, 68; 1868, Nro. 16.

[3] Petit nach Budge, l. c., S. 105 und Mem. de l' acad. de scienc. 1727, S. 1.

[4] Biffi nach Budge, l. c., S. 107 und Omodei Annal. XXII. S. 630.

Durchschneidet man das Rückenmark an einer beliebigen Stelle oberhalb des dritten Brustwirbels, so verengert
sich die Pupille und dies zwar einseitig, wenn blos Eine
Seitenhälfte der Medulla durchtrennt wurde. Reizt man hierauf die unter dem Schnitte gelegene Partie des Rückenmarkes,
so erfolgt wieder Erweiterung der Pupille und auch diese
bleibt einseitig, falls die eine Seitenhälfte tiefer unten, aber
noch vor dem dritten Brustwirbel nochmals durchschnitten
wurde (Salkowski l. c. S. 188). Zudem macht die Trennung
des Halsmarkes bei curarisirten Thieren, sei es auch zwischen
Atlas und Hinterhaupt, dass Sistirung der künstlich unterhaltenen
Respiration nicht mehr zur Erweiterung der Pupille und zur
Verengerung der kleinen Kopfgefässe führt, dass also eine
Reaction ausbleibt, welche bei unversehrtem Halsmarke
unter den erwähnten Umständen constant auftritt und mit
gutem Grunde aus der reizenden Einwirkung des mit Kohlensäure überschwängerten oder sauerstoffärmer gewordenen Blutes
auf die Centra der sympathischen Irisnervenfasern abgeleitet
wird (Thiry [1]) und zwar ist der Ausfall gleicher Weise ein
bi- oder unilateraler, je nachdem das ganze Halsmark
oder nur die eine Seitenhälfte desselben durchschnitten wurde
(Salkowski l. c. S. 187, Rogow l. c. S. 17).

Der Wechsel des Pupillendurchmessers ist übrigens nicht
die einzige Reactionserscheinung bei den erwähnten Versuchen.
Vielmehr hat die Durchschneidung des Grenzstranges (Cl.
Bernard und A. [2]) oder der einen Seitenhälfte des Rückenmarkes innerhalb der bezeichneten Grenzen neben der Pupillenverengerung eine meistens ganz deutliche Gefässerweiterung in der Iris und stets eine starke Blutüberfüllung in der
betreffenden Kopfhälfte mit Temperaturerhöhung zur Folge
(Cl. Bernard l. c., Budge l. c. S. 119, Salkowski l. c. S.185).
Dagegen führen Reizungen des Grenzstranges (Cl. Bernard
und A. l. c., Budge l. c. S. 90, Wegner l. c. S. 10) oder des
Halsmarkes (Cl. Bernard, Ludwig [3]), Salkowski l. c. S. 185)
unter den oben citirten Modalitäten neben der Pupillenerweiterung immer zu einer starken Verengerung der Kopf- und

---

[1] Thiry, Centralblatt 1864. Nro. 46.
[2] Cl. Bernard und A. nach Salkowski, l. c. S. 167—172.
[3] Ludwig und Thiry nach Salkowski, l. c., S. 188.

speciell der Irisgefässe. Die letzteren contrahiren sich bei Sympathicusreizungen auch dann sehr stark, wenn sie vorhin unter dem Einfluss einer Digitalineinträufelung oder einer Entleerung des Kammerwassers sehr ausgedehnt waren, oder wenn unter der Einwirkung der Calabarpräparate der krampfhaft contrahirte Sphincter pupillae eine Erweiterung des Sehloches verhindert (Kuiper, Hamer, Donders l. c. S. 489).

Dieser letztere Umstand, so wie die Erstreckung der Gefässreaction über die Iris hinaus auf die ganze betreffende Kopfhälfte sind Bürge dafür, dass die an den Wechsel des Pupillendurchmessers geknüpften Caliberveränderungen der Regenbogenhautgefässe nicht etwa rein passive sein können, sondern thatsächlich auf veränderte Spannungszustände der Gefässmusculatur selbst zurückgeführt werden müssen.

Damit ist aber auch schon der Beweis hergestellt, dass der Grenzstrang vasomotorische Nervenfasern zur Iris leite und, da Durchschneidung des Halsmarkes zwischen dem 5. und 6. Halswirbel eine dauernde Injection mit sich bringt, während Trennung der Medulla zwischen dem 3. und 4. Brustwirbel so wie Durchschneidung der oberen 6 Halsnerven (Budge l. c. S. 127) keinen oder doch nur einen sehr vorübergehenden Einfluss auf die in Rede stehenden Stromgebiete nimmt, so ist auch die Annahme gerechtfertigt, dass die vasomotorischen Nerven der Iris mit den pupillenerweiternden Sympathicusfasern vereint streichen, also ihr Centrum gleich diesen oberhalb des Atlas, wahrscheinlich in der Medulla oblongata haben (Salkowski l. c. S. 187, 188).

Sprächen nicht so gewichtige Autoritäten (S. 70) für den Bestand eines gesonderten Dilatator pupillae, so könnte man nach allem dem sogar die Frage aufwerfen, ob denn die sympathischen Irisfasern wirklich von zweierlei Art seien, oder ob sie nicht sämmtlich in der Bedeutung von vasomotorischen Nerven aufgefasst werden müssen. Man könnte dafür geltend machen, dass die Erweiterung der Pupille factisch immer mit einer Verengerung und die Zusamenziehung des Sehloches immer mit einer Ausdehnung der Irisgefässe einhergeht, ja den veränderten Raumverhältnissen der Iris gemäss einhergehen muss und dass bei diesen Bewegungen keine Erscheinungen zu beobachten sind, welche sich nicht ganz gut aus den wechselnden Spannungszuständen einer kräftigen Gefäss-

musculatur und des Sphincters ableiten liessen. Und wenn
bei spastischen Contracturen des Sphincters oder bei mechani-
scher Behinderung der Pupillenbewegung eine starke Zusammenziehung der Irisgefässe ohne Erweiterung der Pupille erfolgt
(Donders l. c.), so erklärt sich dies ganz einfach dadurch, dass
die Gefässe von ihren Muskeln sowohl verkürzt als verengt
werden und dass die eine Wirkung bei unbesiegbaren Widerständen ohne weiters ausbleiben kann, während die andere
wegen günstigeren Bedingungen anstandslos zur Geltung kömmt.

Nach den Experimenten Schiff's und Salkowski's sollte
man glauben, dass alle im Halsmarke und cervicalen Grenzstrange zur Iris ziehenden sympathischen Nervenfasern aus dem
Gehirne stammen; da Durchschneidung des Rückenmarkes
zwischen dem Hinterhaupte und Atlas dieselben Reactionen
hervorruft, wie Trennung des Halssympathicus selbst oder
des cervicalen Theiles der Medulla spinalis an einem beliebigen tieferen Punkte.

Dagegen machen die Beobachtungen Budge's (l. c. S. 109)
es wahrscheinlich, dass in der zwischen dem 6. und 10. Wirbel
gelegenen Portion des Rückenmarkes, und zwar vorzüglich in
den vorderen (l. c. S. 116) und mittleren (l. c. S. 118) Strängen eine Anzahl von Fasern entspringen (Centrum cilio-
spinale inferius) und sich den vom Gehirne kommenden Bündeln beimischen.

Jedenfalls durchlaufen die vom Gehirne und eventuell vom
Rückenmarke stammenden sympathischen Irisfasern insgesammt
das Ganglion supremum des Grenzstranges und nehmen innerhalb des letzteren eine gewisse Quote anderer Sympathicusfasern auf, welche zum Theil gleichfalls zur Iris gehen. Budge
beobachtete nämlich, dass nach Durchschneidung des Halssympathicus der obere periphere Theil des Stammes fettig
degenerirt und, galvanisch gereizt, schon nach wenigen Tagen
keine Erweiterung der Pupille mehr zu veranlassen im Stande
ist. Wird dann aber das Ganglion selbst oder eines der davon
nach oben abgehenden, Irisfasern enthaltenden Bündel in irgend
einem Punkte seines Verlaufes in die Kette eingeschlossen, so
macht sich eine sehr ausgiebige Pupillenerweiterung geltend
und zwar tritt die Reaction ein, auch wenn seit der Operation
Wochen und Monate verflossen wären (l. c. S. 89, 91, 124). Wird
hingegen das Ganglion supremum exstirpirt, so erlischt

die Reactionsfähigkeit der Pupille schon nach kürzester Zeit und kein Reiz auf die oberhalb des Ganglion streichenden Bündel des Irissympathicus vermag eine Erweiterung des Sehloches hervorzurufen (l. c. S. 124); selbst Unterbrechung der künstlich unterhaltenen Respiration bei curarisirten Thieren lässt dann die Pupille unverändert (Rogow l. c. S. 17).

Man hat also guten Grund zur Annahme, dass der obere Halsknoten selbst einer Anzahl sympathischer Irisfasern zum Ursprunge diene, oder deren möglicher Weise auch noch von anderwärts her beziehe. In der That glaubt Budge (l. c. S. 127), dass in der Nähe des Nervus hypoglossus ein zweites oberes (vorderes) Centrum für den Irissympathicus bestehe, dessen Fasern von dem genannten Stamme in Form eines zarten Verbindungsfadens zum Ganglion supremum übergehen, eine Ansicht, welche übrigens noch sehr der Bestätigung bedarf (Salkowski l. c. S. 190).

Als dritter Irisnerv ist der Trigeminus zu nennen. Es unterliegt kaum einem Zweifel, dass das Gefühl der Iris ausschliesslich von ihm abhänge (Budge l. c. S. 74). Dagegen ist es sehr unwahrscheinlich, dass er aus seinen eigenen Wurzeln motorische Nervenfasern zur Iris führe. Jedenfalls muss der Einfluss, welchen er auf die Bewegungen der Pupille nimmt, zum allergrössten Theile aus der reichlichen Durchmischung seines Augenastes mit sympathischen Röhren erklärt werden.

Es schliessen sich nämlich die vom oberen Halsknoten abgehenden Nervenzweige der Carotis an und vertheilen sich mit deren Aesten über alle Organe des Kopfes und Halses. Einige Bündel jedoch springen im Sinus cavernosus von der Carotis zum Ganglion Gasseri über und strahlen von hier in das gesammte Verzweigungsgebiet des Quintus aus. Der erste Ast des fünften Nerven, welcher noch einige Zweige direct vom Carotisgeflechte aufnimmt, führt die sympathischen Röhren durch die Ciliarnerven zum Bulbus und damit auch zur Iris. Derselbe tritt beim Menschen getrennt von den beiden anderen Aesten aus dem Gasser'schen Knoten heraus und communicirt mit dem Augapfel nur mittelbar durch das Ganglion ciliare, zu welchem er eine und bisweilen (Hyrtl) auch zwei Wurzeln abgibt. Beim Kaninchen dagegen verlässt er das Ganglion Gasseri mit dem zweiten Aste zu einem gemein-

schaftlichen Stamme vereinigt, an dessen medialem Rande
die sympathischen Fasern zusammengedrängt zu sein scheinen
(Schiff [1]) G. Meissner [2]) und welcher dann in Zweige auf-
gelöst eine Wurzel zum Ciliarknoten (W. Krause [3]) und zwei
Aeste direct zum Bulbus sendet. Bei Hunden scheint er nach
Versuchen von Hensen und Völckers (l. c. S. 15, 16) gar
nicht mit dem Ganglion ophthalmicum zusammenzuhängen.

In voller Uebereinstimmung mit diesen anatomischen Verhältnissen hat galvanische Reizung des Ganglion Gasseri
oder des Ramus ophthalmicus eine starke Erweiterung der
Pupille zur Folge (Budge l. c. S. 89, 91). Diese Reaction
bleibt aber aus, wenn einige Zeit zuvor das Ganglion
supremum cervicale exstirpirt worden ist (Budge l. c.
S. 124), und liefert so den schlagenden Beweis, dass es nicht
die Quintusfasern sind, welche die motorischen Impulse
zur Iris leiten. Anderseits veranlasst Durchschneidung des
Gasser'schen Knotens oder des Ramus ophthalmicus
in erster Linie eine starke Pupillenverengerung, welche
sich nach einiger Zeit wieder etwas vermindert, aber niemals
ganz zurückgeht (Budge l. c. S. 94 und d. f., Donders
l. c. S. 491, Cl. Bernard ibid.) und nach kurzer Zeit schon
mit merklicher Erweiterung der Irisgefässe gepaart erscheint (Budge l. c. S. 102, Wegner l. c. S. 10); in zweiter
Linie eine ansehnliche Hyperämie und ödematose Schwellung
der Bindehaut mit reichlicher Absonderung schleimig eiteriger
Producte, weiterhin Infiltration und Verschwärung der Cornea
neben Verminderung der Bulbushärte, kurz Erscheinungen,
welche unter dem Namen der „Ophthalmia neuroparaly-
tica" allgemein bekannt sind und einschliesslich der Pupillenverengerung (Budge l. c. S. 179) bei Erkrankungen des Ganglion Gasseri auch am Menschen vielfältig beobachtet worden sind.

Dass auch hierbei die dem Quintus eigenthümlichen
Röhren nur eine sehr nebensächliche Rolle spielen, lässt sich
a priori schon daraus vermuthen, dass die Entwicklung der
Ophthalmie sowohl an Versuchsthieren als am Menschen (Schiff

---

[1]) Schiff, Zeitschft. f. rat. Med. 29. Bd. S. 217.
[2]) G. Meissner, ibid. S. 96, 101.
[3]) W. Krause, Anatomie des Kaninchens. Leipzig 1868, S. 226.

l. c. S. 220, G e i s s l e r [1]) nicht an A n ä s t h e s i e des Bulbus und
seiner Adnexa gebunden ist, sondern auch bei v o l l e r I n t e g r i -
t ä t des Empfindungsvermögens und folglich auch der zum Bulbus gehenden Trigeminusfasern stattfinden kann. Einen that-
sächlichen Beweis dafür haben unter Hinweisung auf eine einschlägige Beobachtung B ü t t n e r's [2]), S c h i f f und G. M e i s s n e r
(l. c.) geliefert. Ihre Experimente und die nachfolgenden Leichen-
untersuchungen ergaben nämlich mit grosser Bestimmtheit, dass
jene Symptomgruppe sich n u r d a n n geltend macht, wenn das
erwähnte, am medialen Rande des vereinigten ersten und zweiten
Quintusastes streichende B ü n d e l n i c h t s e n s i b l e r F a s e r n
durchtrennt wurde und dass dessen Leitungsunterbrechung a l l e i n,
bei voller Schonung der anliegenden Quintusröhren g e n ü g t,
um die Ophthalmie hervorzurufen.

Es scheint übrigens, als ob die in diesem Bündel zusam-
mengedrängten sympathischen Nervenfasern eine n i c h t g a n z
g l e i c h e p h y s i o l o g i s c h e Bedeutung hätten. Lange Versuchs-
reihen haben nämlich herausgestellt, dass Durchschneidung des
c e r v i c a l e n G r e n z s t r a n g e s eben so wie E x s t i r p a t i o n des
o b e r n H a l s g a n g l i o n s wohl zur Pupillenverengerung, zur Gefässparalyse und in späterer Folge zu beträchtlicher Abnahme
der dioptrischen Binnenmedien mit davon abhängiger auffälliger
Verminderung der fühlbaren Bulbushärte, n i e m a l s aber zu einer
w a h r e n n e u r o p a r a l y t i s c h e n O p h t h a l m i e mit ausgebreiteter
Verschwärung der Cornea führen (S c h i f f [3]). Dagegen hat sich
gezeigt, dass der eigenthümliche entzündliche Process unter ganz
g l e i c h e n Erscheinungen und eben so rasch auftrete und verlaufe, es möge jenes B ü n d e l s y m p a t h i s c h e r F a s e r n im oder
vor dem Ganglion Gasseri, oder der Q u i n t u s s t a m m s e l b s t
h i n t e r d e m l e t z t e r e n, ja unmittelbar nach seinem Austritte
aus der Brücke, durchschnitten worden sein (S c h i f f l. c. S. 85, 90).

Man hat daher guten Grund zur Annahme, dass sich den
Trigeminusfasern schon i n n e r h a l b d e s G e h i r n e s oder unmittelbar nach deren A u s t r i t t aus der Pons Varoli s y m p a -
t h i s c h e Nervenröhren beimischen, welche wenigstens theilweise
in einer näheren Beziehung zu gewissen E r n ä h r u n g s v o r g ä n-

---

[1]) Geissler, Schmidt's Jahrbücher 136. Bd. S. 74.

[2]) Büttner, Zeitscht f. rat. Med. XV. S. 254, 268.

[3]) Schiff, Untersuchungen etc. S. 20.

gen im Auge stehen, und insoferne den Namen trophische
Nerven in strengerem Wortsinne verdienen.

Der Symptomencomplex, welcher nach der Trennung des
Ganglion Gasseri oder des Ramus ophthalmicus nervi
quinti zum Vorschein kömmt, würde dann Leitungsunterbrechungen sehr verschiedener Nerven, welche erst im genannten
Knoten sich vereinigen, zum Ausdruck bringen. Man müsste ihn
daher in Erscheinungen zerlegen, welche die Gefühlslähmung
mit ihren Consequenzen, weiters unmittelbare Störungen
gewisser vom Sympathicus abhängiger Nutritionsverhältnisse
und endlich die Gefässparalyse mit allem, was daran hängt,
repräsentiren.

In die dritte dieser Gruppen gehört auch die Pupillenverengerung, jedoch nur, so weit dieselbe eine dauernde
ist. Die Sphincterwirkung erscheint dabei blos insoferne be-
theiligt, als die Lähmung der vasomotorischen Irisnerven bei Integrität der Oculomotoriusleitung dem Schliessmuskel ein mechanisches Uebergewicht verleiht. Dass wirklich die Erweiterung des Irisstromgebietes den Hauptfactor der dauernden Myose abgiebt, geht daraus hervor, dass diese sich nicht
minder zur Geltung bringt, wenn neben dem Ramus nasociliaris
trigemini der Oculomotoriusstamm gelähmt ist [1]) oder der
letztere innerhalb der Schädelhöhle durchschnitten oder
durchgerissen wurde (Budge l. c. S. 99, Cl. Bernard nach
Donders l. c. 491).

Wenn übrigens die Ausdehnung der Regenbogenhautgefässe
nicht von allen Autoren gleich stark betont oder gar über-
gangen wird, so darf dies nicht sehr befremden, da die mächtige Adventitia dieser Gefässe in Verbindung mit dem Pigment-
gehalte des Stroma dieselbe leicht decken kann. Zudem ist es
wohl leicht möglich, dass die Erweiterung des Irisstromgebietes
zunächst nicht immer gar viel höher steigt, als dies bei den

---

[1]) Ein kürzlich von mir beobachteter Fall liefert dazu eine praktische
Illustration. Es waren neben mehreren anderen Gehirnnerven das 3. und 5. Paar
gelähmt. Rechts erschien der Oculomotorius vollständig paralysirt, der
1. und 2. Ast des Quintus aber blos leicht anästhetisch. Links war die
Lähmung des Ramus 1. und 2. Trigemini eine sehr hochgradige, wogegen
die vom 3. Gehirnnerv beherrschten äusseren Augenmuskeln noch kleine Excursionen des Bulbus ermöglichten. Beide Pupillen erwiesen sich völlig
starr. Die rechte mass über 2''', die linke kaum 1''' im Durchmesser.

durch Sphincterwirkung bedingten n o r m a l e n Pupillenverengerungen der Fall ist.

Es treten hier vorerst schon die h ä m o s t a t i s c h e n Verhältnisse des Auges h i n d e r n d in den Weg. Da nämlich die Functionsstörung nicht blos die vasomotorischen Nerven der Iris, sondern s ä m m t l i c h e r Binnenorgane betrifft, so sind die Bedingungen für einen A u s g l e i c h der Blutfülle in den verschiedenen intraocularen Stromgebieten nichts weniger als günstig gestaltet. Eine Ausdehnung a l l e r Binnengefässe ist eben nur denkbar, wenn vorläufig durch vermehrte Resorption dioptrischer Medien der n ö t h i g e R a u m g e s c h a f f e n worden ist. Damit hängt denn auch die a u f f ä l l i g e L a n g s a m k e i t (B u d g e l. c. S. 99, S c h i f f l. c. S. 80) zusammen, mit welcher die Pupillenverengerung unter den fraglichen Umständen ganz im Gegensatze zu der durch S p h i n c t e r w i r k u n g bedingten zu Stande kömmt.

Andererseits ist zu berücksichtigen, dass der Ramus ophthalmicus bei weitem n i c h t a l l e sympathischen Röhren, welche zum Bulbus gehen, in sich fasst, dass vielmehr ein g r o s s e r Antheil derselben mit den C i l i a r g e f ä s s e n dahin gelangt und ein anderer von dem Nervengeflechte der Arteria ophthalmica durch die H y r t l'sche oder t r o p h i s c h e W u r z e l dem Augenknoten und weiter den Ciliarnerven zugeführt wird. Dass diese Nerven aber wirklich die I r i s g e f ä s s e beeinflussen, ergiebt sich klärlich daraus, dass Reizung des Halssympathicus nach Durchschneidung des Ramus ophthalmicus Trigemini in der Mehrzahl der Fälle noch eine sehr auffällige P u p i l l e n e r w e i t e r u n g nach sich zieht (D o n d e r s l. c. S. 492). Es wird die Musculatur der betreffenden Gefässe durch die Leitungsunterbrechung der im A u g e n a s t e des Quintus streichenden Sympathicusröhren also n u r g e s c h w ä c h t, n i c h t v ö l l i g p a r a l y s i r t und dies spricht sich wirklich dadurch recht deutlich aus, dass die M y d r i a s e bei Reizung des Halsgrenzstranges dann g e r i n g e r ausfällt, als bei I n t e g r i t ä t der dem Trigeminus beigemischten vasomotorischen Nervenbündel (D o n d e r s l. c. S. 492) [1]). Sind die Gefässmus-

---

[1]) Die a n a t o m i s c h e Vertheilung der sympathischen Augennerven wirft übrigens auch einiges Licht auf gewisse befremdende Erscheinungen. Es ist aufgefallen, dass eine k u r z nach dem Absterben des Thieres vorgenommene Reizung oder D u r c h s c h n e i d u n g des Ramus ophthalmicus trigemini k e i n e m e r k l i c h e Reaction der Pupille mehr hervorzurufen im Stande ist, und dass eine während des L e b e n s durch Trennung des genannten Nerven veranlasste

keln eben blos geschwächt, so werden sie, unterstützt von dem
elastischen Widerstande der mächtig entwickelten Adventitia,
dem normalen Blutdrucke auch schon bei geringer mecha-
nischer Dehnung das Gleichgewicht zu halten vermögen.

Was nun von den Binnengefässen gilt, gilt in verstärktem
Maasse von den episcleralen Stammtheilen der Ciliarge-
fässe, sowie von den Adergeflechten der Bindehaut und der
übrigen Hilfsorgane des Bulbus. Dieselben erhalten ihre Sympathicusröhren nämlich nur zum kleinsten Theile mit den
Quintuszweigen, werden vielmehr weitaus überwiegend von
vasomotorischen Nerven beherrscht, welche von dem Carotisgeflechte unmittelbar auf deren Stämme und Aeste übergegangen
sind. Die sympathischen Fasern der Lider, der Bindehaut
und Thränenorgane scheinen laut physiologischen Experimenten
sogar schon in der Gegend des dritten Halswirbels aus dem
Rückenmarke hervor - und zum obersten Abschnitte des Grenzstranges hinzutreten (Landois, Eulenburg l. c. Nr. 68). Man
darf sich daher gar nicht wundern, wenn die Erscheinungen der
Gefässparalyse nach Durchschneidung des Ramus ophthalmicus oder des Ganglion Gasseri in den genannten Theilen
primär öfters ausbleiben oder doch nur schwach angedeutet sind.

Es bedarf in der That recht oft der Beiwirkung weiterer Schädlichkeitsmomente, starker Reflexe von Seite
der Gefühlsnerven, einer Erhöhung des Blutdruckes u. s. w., auf
dass die Gefässlähmung sowohl innerhalb als ausserhalb des
Bulbus in scharf markirten Zügen zum Ausdruck komme.

Pupillenverengerung nach dem Tode sehr schwer wieder zurückgeht
(Budge l. c. S. 100), da der Sympathicus doch erwiesener Massen noch geraume Zeit einen gewissen Grad von Irritabilität bewahrt. Man muss eben
bedenken, dass ein auf den Augenast wirkender Reiz nur einen Theil der
vasomotorischen Irisnerven trifft, welche übrigens durch den Tod sicherlich an
Empfänglichkeit verloren haben, und dass der geschwächte Theil unmöglich das Gleiche leisten könne, was die Gesammtheit bei Reizung des Halssympathicus am Lebenden leistet. Das schwere Zurückgehen einer im Leben er-
zeugten Myose erscheint als natürliche Folge des Unvermögens der ihres Nervenein-
flusses theilweise beraubten Gefässmuskeln, das im Irisstromgebiete befindliche Blut nach dem Tode auszutreiben. Das Ausbleiben der Pupillenverengerung beim Durchschneiden des Ramus ophthalmicus an frisch
gestorbenen Thieren aber erklärt sich aus dem Stillstande des Kreislaufes, also aus der Annullirung des Blutdruckes in den Irisgefässen.

Erfahrungsmässig lässt sich die Entwickelung der ganzen Symptomgruppe durch genügenden Schutz des Auges auch verzögern oder hindern und öfters sogar wieder rückgängig machen, wogegen Traumen, ja selbst die das Auge normaliter treffenden Irritamente und vielleicht auch manche andere, bisher nicht näher definirbare Einflüsse den Ausbruch beschleunigen und fördern (Büttner l. c., Snellen[1]), Rosow[2]).

Ist aber einmal eine starke paralytische Gefässerweiterung vorhanden, so sind auch die Bedingungen für eine vermehrte Filtration, also für das Oedem der Bindehaut und, vermöge der Erleichterung des Austrittes farbloser Blutkörperchen (Cohnheim[3]), für eine reichliche Absonderung eitriger Producte gegeben.

Es scheint sogar, als ob die Gefässlähmung auch für die neuroparalytische Hornhautverschwärung von Bedeutung wäre, da der letzteren die Erscheinungen der ersteren voranzugehen pflegen. Jedenfalls führt die Leitungsunterbrechung der eigentlich trophischen Nerven nicht nothwendig zur Cornealulceration und dieselben Verhältnisse, welche die Entwickelung der Gefässparalyse fördern oder hintanhalten, begünstigen oder erschweren auch das Zustandekommen der Ophthalmie.

Was aber das Weichwerden des Bulbus betrifft, welches auch nach der Durchschneidung des cervicalen Grenzstranges und nach Exstirpation des obersten Halsknotens im späteren Verlaufe nachweisbar wird, so steht dasselbe unzweifelhaft in einem näheren, leider wenig aufgehellten pathogenetischen Zusammenhange mit der Gefässparalyse. Es ist dies Phänomen nämlich auch anderweitig, z. B. beim Schwunde des Auges nach degenerativer Iridochorioiditis, veraltetem Glaucom etc. an die Gefässlähmung gebunden, welche letztere dann aber mehr auf die Entartung der Gefässwände, als auf Nervenlähmung als Ursache zu beziehen sein dürfte.

Neben den bisher erörterten Folgezuständen der Durchschneidung des Trigeminus innerhalb der Schädelhöhle sind nun

---

[1]) Snellen, Virchow's Archiv XIII. S. 107.
[2]) Rosow u. Snellen, Centralblatt 1867. S. 774.
[3]) Cohnheim, Virchow's Archiv 39. Bd. S. 1.

noch andere Erscheinungen zu beobachten, welche sich
aus den topographischen Verhältnissen der vasomotorischen
Irisnerven nicht gut erklären lassen. Dahin gehört die ganz
ephemere Myose, welche der Trennung des Quintusstammes
hinter dem Ganglion Gasseri folgt (Budge l. c. S. 98) und
jenes vergängliche Plus der Pupillencontraction, welches der
bleibenden Verengerung vorangeht, wenn man den fünften
Nerven in oder vor dem genannten Knoten durchschneidet, oder
von seinem muthmasslichen Hauptcentrum, dem Corpus
restiforme, mittelst eines Querschnittes isolirt, welcher durch
die eine Seitenhälfte des Rückenmarkes oberhalb des Atlas
geführt wird (Budge l. c. S. 98, 132, Salkowski l. c. S. 189).
Es ist nämlich kaum anzunehmen, dass dieser transitorische
Theil der Reaction seinen nächsten Grund in der dauernden
Leitungsunterbrechung vasomotorischer Irisnerven findet.

In Anbetracht dessen liegt es nun allerdings am nächsten,
die Erscheinung auf eine kräftige Innervation des Sphincter zurückzuführen und, da sie auch nach vorläufiger Durchschneidung des Oculomotorius innerhalb der Schädelhöhle
beobachtet wird, ihre Quelle in Reflexen zu suchen, welche
im Ganglion ciliare von den Verbindungszweigen des Nervus
nasociliaris (W. Krause l. c.) auf die motorischen Nerven des
Pupillenschliessers übertragen werden. Allein die auffallend
langsame Entwickelung der ephemeren Myose (Budge l. c.
S. 99, 100) stimmt zu schlecht mit einer verstärkten Sphinc-
terbethätigung, als dass nicht die Vermuthung gerechtfertigt
wäre, es handle sich dabei mehr um eine vorübergehende
Herabsetzung der functionellen Energie in den Centris der vasomotorischen Irisnerven.

Sei dem, wie es wolle, so viel darf als feststehend betrachtet
werden, dass die verschiedenen Erregungszustände des
Trigeminus für die Thätigkeiten in den Centris der
motorischen Irisnerven nicht gleichgiltig seien, und
dass solchermassen die eigentlichen sensiblen Fasern des
Quintus einen indirecten Einfluss auf die Bewegungserscheinungen in der Iris nehmen können (Donders l. c. S. 490). In
der That führt Schiff (l. c. S. 111, 115) eine Reihe von Fällen
auf, welche keinen Zweifel darüber lassen, dass heftige Eingriffe oder Erkrankungen der verschiedenen Zweige des
Quintus eine Gefässlähmung des Auges begründen können.

Es scheint sogar, als ob dies nicht blos eine ausschliessliche Eigenschaft des fünften Gehirnnervenpaares, sondern sämmtlicher sensibler Rückenmarksnerven und ihrer centralen Züge sei. Wirklich wird in ganz analoger Weise eine primäre stärkere vorübergehende und eine secundäre bleibende Pupillenverengerung, jedoch ohne Gefühlslähmung im Bereiche des Auges und Gesichtes, beobachtet, wenn die eine Seitenhälfte der Medulla spinalis mit Schonung des Corpus restiforme oberhalb des ersten oder zweiten Halswirbels durchschnitten wird (Budge l. c. S. 132), auch wenn die Trennung eine ganz unvollständige, oberflächliche ist. Noch mehr, es genügt die Einsenkung einer Nadel in das Rückenmark, um beiderseits eine erhebliche Zusammenziehung der Pupille zu veranlassen (Salkowski l. c. S. 190). Anderseits haben eingehende Versuche ergeben, dass Reizung beliebiger sensibler Hautnerven eine Erweiterung der Pupille hervorzurufen im Stande sei (Cl. Bernard nach Salkowski l. c. S. 169) und dass diese bilateral erfolge, wenn das Rückenmark unverletzt ist, hingegen monolateral, wenn das letztere einseitig durchschnitten worden ist, wodurch zugleich der Beweis hergestellt ist, dass der betreffende Impuls den vasomotorischen Irisnerven in den Centraltheilen, also wahrscheinlich im verlängerten Marke, übermittelt wird (Salkowski l. c. S. 188).

Es folgt hierbei der der Regenbogenhaut zugehörige Theil des Sympathicus eben nur den für den ganzen Stamm geltenden Regeln. Einschlägige Versuche haben nämlich gelehrt, 1. dass Hautreize primär eine Verengerung der kleinen Körpergefässe mit Temperaturerniedrigung so wie mit Vergrösserung der Zahl und Energie der Herzschläge nach sich ziehen, 2. dass die Gefässcontraction auch nach Beseitigung der Ursache noch einige Zeit anhält, um schliesslich einer geringen Erweiterung Platz zu machen, wenn der Hautreiz ein relativ schwacher war (Naumann [1]), 3. dass die Gefässverengerung im Verzweigungsgebiete des gereizten sensiblen Nerven (Cl. Bernard l. c.) und in dessen Nachbarschaft sehr rasch oder fast unmittelbar in starke Erweiterung übergeht, hingegen

---

[1] Naumann, Prag. Vierteljahrschft. 77 Bd. S. 1, 13; 93. Bd. S. 133, 148, 151.

in entfernteren Organen andauert (Zülzer [1]), wenn der Hautreiz ein relativ starker war, 4. dass der Grad der effectiven Reizung nicht blos von der absoluten Stärke des Eingriffes, sondern auch von der jeweiligen Irritabilität des Körpers abhänge und dass daher ein und derselbe Reiz bei verschiedenen Individuen und bei demselben Individuum unter verschiedenen Umständen eine ganz entgegengesetzte Reaction veranlassen könne (Naumann).

Der dritte Punkt erklärt ausserdem eine sonst mehr als befremdende Thatsache, nämlich wie es komme, dass Reizung des Trigeminusstammes oder eines seiner Aeste gleichwie die Durchschneidung des Quintus innerhalb der Schädelhöhle eine Verengerung der Pupille verursache (Budge l. c. S. 95, 101). Die Reaction erscheint nach dem Gesagten in beiden Fällen als der Ausdruck einer Gefässparalyse, nur ist die letztere dort auf Reflexe zurückzuführen, hier durch die Leitungsunterbrechung vasomotorischer Irisnerven bedingt.

Der vierte oder letzte Punkt macht im Vereine mit der Schwierigkeit, welche die Isolirung der dicht an einander gedrängten Nervenstämme bietet, es begreiflich, wie manche Forscher bei der Reizung des Trigeminus innerhalb der Schädelhöhle bald Verengerung, bald Erweiterung der Pupille beobachten konnten (Trautvetter [1]).

Der vierte in der Reihe jener Augennerven, welche die Bewegungen der Iris leiten, ist der Opticus. Doch ist dessen Einfluss auf die betreffenden Muskeln nicht etwa ein directer, sondern wird lediglich durch Reflexe vermittelt, welche in den Vierhügeln (Flourens [3]) und zwar in der inneren Hälfte des vorderen Paares derselben (Budge l. c. S. 131) auf den Oculomotorius übertragen werden. Die nachstehenden Ergebnisse Budge'scher Versuche werden dies erläutern.

Wird bei voller Integrität der bezeichneten Nervenbahn die Netzhaut durch auffallendes Licht oder mechanisch (l. c. S. 93) gereizt, so verengt sich die Pupille beider Augen. Diese Reaction bleibt aus, wenn der Opticus an der Seite der

---

[1] Zülzer, deutsche Klinik 1865. S. 127.
[2] Trautvetter, A. f. O. XII. 1. S. 95, 131.
[3] Flourens nach Budge, l. c. S. 130, Recherch. exp. sur les propriétés et les fonctions du syst. nerv. Paris 1842, S. 142.

Reizeinwirkung vorläufig d u r c h s c h n i t t e n wurde (l. c. S. 137); macht sich aber ungeschwächt geltend, wenn der c e n t r a l e Stumpf des getrennten Nervenstammes in die Kette eines galvanischen Stromes gebracht wird (l. c. S. 92). Abtragung der beiden Hemisphären des Grosshirnes und der Sehhügel h i n d e r t n i c h t das Zustandekommen einer b i l a t e r a l e n Myose, wenn der eine Opticus electrisch gereizt wird; wohl aber v e r s a g t das Experiment, wenn vorher die Vierhügel e x s t i r p i r t worden waren (l. c. S. 92). Wird die ä u s s e r e Hälfte einer der beiden v o r d e r e n Hügel weggenommen, so besteht die Fähigkeit der b e i d e n Pupillen, sich auf Lichtreize zusammenzuziehen, f o r t oder erlischt wenigstens nicht nothwendig (l. c. S. 131). Wird aber ein g a n z e r v o r d e r e r Hügel entfernt (l. c. S. 138) oder auch nur die i n n e r e H ä l f t e eines derselben zerstört (l. c. S. 131), so reagirt die Iris der a n d e r e n Seite gar n i c h t m e h r und jene der g l e i c h e n Seite s c h w ä c h e r gegen Lichteindrücke [1]).

R e i z u n g der Vierhügel verursacht b i l a t e r a l e P u p i l l e n - v e r e n g e r u n g (l. c. S. 130, 172).

Durchschneidung (l. c. S. 92) und pathologische Lähmung (l. c. S. 139) des O c u l o m o t o r i u s löst gänzlich das reflectorische Band, welches das Spiel der Pupille an die wechselnden Erregungszustände der beiden Optici und ihrer Centraltheile knüpft, die betreffende Iris bleibt bewegungslos, gleichviel welche Irritamente und an welchem Orte sie den lichtempfindenden Apparat treffen.

Durchschneidung des H a l s s y m p a t h i c u s hingegen hindert nicht, dass die Pupille der einen und der anderen Seite sich auf Lichtreize zusammenziehe (l. c. S. 107). Licht, welches b l o s

---

[1]) Beschränkte sich die Motilitätsstörung der Iris nach einem solchen Eingriffe lediglich auf die g e g e n ü b e r l i e g e n d e Seite, wie dies B u d g e (l. c. S. 131) in einem Falle fand, so müsste man annehmen, dass die dem 3. Paare zugehörigen Irisnerven vor ihrem Eintritte in die Vierhügel eine v o l l s t ä n d i g e Kreuzung erfahren. Nachdem aber nach anderen Versuchen die Wirkung bilateral auftritt, kann nur von einer t h e i l w e i s e n Kreuzung die Rede sein. Die D o p p e l s e i t i g k e i t der M y o s e bei Reizung E i n e r Netzhaut oder E i n e s Opticusstammes erklärt sich genügend aus dem Umstande, dass j e d e r der beiden Vierhügel durch die entsprechende Sehnervenwurzel Röhren aus b e i d e n Netzhäuten zugeführt werden. Die gleichzeitige Kreuzung der Oculomotoriusfasern ist dem Phänomen nur f ö r d e r l i c h.

d i e I r i s trifft und nicht in die Pupille eindringt, veranlasst
k e i n e Bewegungserscheinungen (l. c. S. 139, 140).

*   *   *

Fasst man das über die Augennerven bisher mitgetheilte
zusammen und fügt man hinzu, dass nichts vorliegt, was a n d e r e n
Nerven, besonders dem lange verdächtigten V a g u s (B u d g e l. c.
S. 106, 129) einen Einfluss auf die Motilität der I r i s zuzuge-
stehen erlaubte, so kann man sagen, dass die Muskeln der Regenbogenhaut in d i r e c t e r Weise eigentlich nur vom O c u l o m o -
t o r i u s und S y m p a t h i c u s i n n e r v i r t werden.   Der e r s t e r e
ist der a l l e i n i g e Bewegungsnerv des P u p i l l e n s c h l i e s s e r s ,
der andere steht der G e f ä s s m u s c u l a t u r und dem D i l a t a t o r
p u p i l l a e vor.   B e i d e sind, in so weit sie als B l e n d u n g s -
n e r v e n fungiren, der Willkür e n t z o g e n , oder lassen sich
wenigstens nicht i s o l i r t durch Willensimpulse erregen [1]).

Die motorischen Röhren des S p h i n c t e r s stehen im innig-
sten r e f l e c t o r i s c h e n Verbande mit dem S e h n e r v e n und
dessen Centrum, in c o n s e n s u e l l e m mit den gleichfalls ganz
a u s s c h l i e s s l i c h vom Oculomotorius kommenden Bewegungs-
nerven des C i l i a r m u s k e l s (D o n d e r s l. c. S. 487, T r a u t -
v e t t e r l. c. S. 145) und der die C o n v e r g e n z der Gesichtslinien vermittelnden Augenmuskeln.

Die motorischen Röhren des D i l a t a t o r p u p i l l a e und der
G e f ä s s m u s c u l a t u r werden auf r e f l e c t o r i s c h e m Wege von
Seite des T r i g e m i n u s und der sensiblen H a u t n e r v e n , in
einem gewissen a n t a g o n i s t i s c h e n Verhältnisse von Seite des
O c u l o m o t o r i u s beeinflusst.   Dieser A n t a g o n i s m u s lässt sich
wenigstens nicht leicht abweisen, wenn man berücksichtigt, dass
jede V e r e n g e r u n g der Pupille mit einer E r w e i t e r u n g des
Irisstromgebietes und jede E r w e i t e r u n g der ersteren mit einer

---

[1]) B u d g e (l. c. S. 160) führt mehrere Beispiele von w i l l k ü r l i c h e r Erweiterbarkeit der Pupille an.   Er glaubt (l. c. S. 163), dass der Grund der Erscheinung
nicht sowohl in einer directen Innervation des Dilatators, als vielmehr in dem
Einflusse zu suchen ist, welchen die willkürlich zu erregende V o r s t e l l u n g des
Hellen und Dunklen auf die Irismusculatur ausübt.   Ich sah einen Fall, wo die
willkürlich hervorzurufende Mydriase unter starker Verzerrung der Gesichtszüge
und, wenn ich nicht irre , unter starker Innervation der beiden A b d u c e n t e s
gelang.

Verengerung des letzteren verknüpft ist, also wechselnde
Spannungen der Gefässmusculatur und folglich auch wechselnde Erregungszustände der vasomotorischen Regenbogen-
hautnerven voraussetzt; weiters, dass bei completer Leitungsunterbrechung des Oculomotorius nicht blos der Sphincter,
sondern auch die Gefässmuskeln der Blendung aufhören, auf
Aenderungen der Netzhautbeleuchtung, der accommodativen Ein-
stellung und der Axenconvergenz zu reagiren.

Werden die Blendungsmuskeln blos von zwei Nerven, dem
dritten Paare und dem Sympathicus, in directer Weise
beherrscht, so kann die locale Wirkung der Mydriatica und
Myotica nur durch Lähmung der einen, oder durch Erregung der anderen Art motorischer Nerven oder durch die Com-
bination beider Zustände erklärt werden.

Eine dritte Möglichkeit, nämlich eine unmittelbare
Beeinflussung der Muskelfasern selbst (Budge l. c. S. 182,
Grünhagen[1]) muss jedenfalls ausgeschlossen werden, da
die gleiche Organisation der Kreis- und Radiärfasern ein ganz
entgegengesetztes Verhalten gegen jene Gifte sehr unwahrscheinlich macht, hauptsächlich aber, da die Lähmung und Erregung
blos eine relative ist, d. h. sich auf bestimmte Innerva-
tionen bezieht, ohne dass die betreffenden Muskeln aufhören,
auf andere Impulse zu reagiren. So erscheint die Pupille im
atropinisirten und im calabarisirten Auge den vom Gehirne
vermittelten reflectorischen, consensuellen und antagonistischen Nerveneinwirkungen gegenüber völlig starr. Sie verengert sich aber trotz vorläufiger Einwirkung kräftiger Mydriatica
sehr rasch und stark, wenn das Kammerwasser oder ein Theil des
Glaskörpers abgelassen wird. Es erfolgt diese Reaction sogar
am frisch getödteten Thiere (Trautvetter l. c. S. 135),
also unter Umständen, wo ein vermehrtes Einströmen von Blut
in die Irisgefässe unmöglich den Grund abgeben und das Phänomen lediglich aus einer kräftigen Zusammenziehung des Sphincters abgeleitet werden kann. Noch mehr, die Pupillenverengerung
wird auch beobachtet, wenn das Sehloch vorläufig durch Atropin
ad maximum erweitert, das Thier dann getödtet und hierauf 2 Electrodenpaare je zwei diagonalen Punkten des Sphincters

[1] Grünhagen, Zeitschft. f. rat. Med. 29. Bd. S. 275, 284.

gegenüber auf die Hornhautfläche gesetzt werden (Bernstein [1]), ja die Verengerung, welche solchermassen erzielt wird, ist nicht geringer, als auf dem anderen Auge, wo kein Atropin angewendet wurde. Endlich steht es fest, dass durch Reizung des Halsgrenzstranges im calabarisirten Auge eine Erweiterung der Pupille (Donders l. c. S. 520), im atropinisirten Auge eine Zunahme der Mydriase (Donders l. c. S. 498) erzielt wird.

Was nun die Mydriatica betrifft, so unterliegt es gar keinem Zweifel, dass dieselben bei localer Application auf die vom dritten Paare stammenden motorischen Nerven lähmend wirken. Die gänzliche Aufhebung des Accommodationsvermögens, die maximale Erweiterung der Pupille und deren negatives Verhalten gegen wechselnde Netzhauterleuchtungen, gegen adaptive und auf Aenderung der Axenconvergenz gerichtete Nervenimpulse leisten dafür Bürgschaft.

Eben so gewiss ist es aber auch, dass die Paralyse der Sphincternerven allein nicht zureicht, um alle Erscheinungen der künstlichen Mydriase zu erklären, dass es hierzu vielmehr der Entfesselung einer activen Kraft bedarf, welche den Blutdruck in den Irisgefässen zu überwinden und einen mächtigen Zug auf den Pupillarrand auszuüben vermag. Und wirklich ist die gefässverengernde Wirkung local applicirter Mydriatica nicht nur als theoretische Nothwendigkeit erwiesen, sondern auch thatsächlich beobachtet worden (S. 72). Anderseits macht sich die in radiärer Richtung wirkende Zugkraft bei Bestand hinterer Synechien in so auffallender Weise geltend, dass man füglich staunen muss, wie dieselbe von so vielen Physiologen ganz übersehen werden konnte. Wer nur einige practische Erfahrung hat, weiss, wie stark die papillosen Anheftungen des Pupillarrandes unter der Einwirkung der Mydriatica gezerrt, und wie sie oft zerrissen werden; er weiss ferner, dass die zwischen widerstandskräftigen hinteren Synechien gelegenen Bogentheile des Pupillarrandes in Gestalt rundlicher oder ovaler Schleifen nicht selten auf ein Mehrfaches ihrer ursprünglichen Länge ausgedehnt werden.

Man muss also wohl annehmen, dass die locale Wirkung der Mydriatica eine doppelte sei, sich aus der Lähmung der

---

[1] Bernstein, Zeitschft. f. rat. Med. 29. Bd. S. 35, 37.

motorischen Nerven des Sphincters und des Ciliarmuskels
einerseits, aus der Erregung der vasomotorischen und der
dem Dilatator pupillae zugehörigen Blendungsnerven anderseits zusammensetze (E. H. Weber [1]), Biffi und Cramer [2]),
Ruiter [3]), Fraser l. c. S. 68, Meuriot l. c. S. 379).

Es stimmt damit vollkommen die anerkannte Thatsache,
dass complete Leitungsunterbrechungen des Oculomotoriusstammes nur eine halbe Erweiterung der Pupille im
Gefolge haben und auf die Form der letzteren bei Gegebensein
hinterer Synechien einen nur wenig in die Augen springenden
Einfluss nehmen. Es fehlt eben der zweite Factor, die pathologische Innervation des Dilatator und der Gefässmuskeln. Wird diese aber durch Reizung des Halssympathicus oder
durch Atropineinträufelungen hervorgerufen, so vervollständigt
sich die Mydriase fast zu demselben Grade wie bei unbeirrter
Leitungsfähigkeit des dritten Paares und auch die Zerrung
wird an hinteren Synechien deutlich.

Uebrigens spricht sich die Reizung der sympathischen
Blendungsnerven durch Mydriatica auch noch anderweitig aus.
Es steht nämlich fest, dass die Gefässmuskeln nun auf relativ
schwache Irritamente durch eine anhaltende Zusammenziehung antworten ; dass bei verhältnissmässig starken
Reizungen der vasomotorischen Nerven hingegen die primäre
Contractur überaus rasch in eine paralytische Erschlaffung
übergeht. Ganz ähnliches wird nun bei Uebersättigung des
Auges durch stark dosirte oder während längerer Zeit häufig
wiederholte Einträufelungen mydriatischer Lösungen beobachtet.
Es kömmt dann schliesslich gerne zu ganz manifester Gefässerweiterung in der Conjunctiva und im Bulbus, und etwa schon
vorhandene Hyperämien steigern sich unter Zunahme der
übrigen entzündlichen sowie der nervosen Erscheinungen, ohne
dass es jedoch zu einer höhergradigen Myose kömmt, da die
Sphincternerven eben gelähmt bleiben. Es erfolgt dieser Um-
schlag beim Gebrauche des Hyosciamins viel früher und
leichter, als bei der Application gleicher Dosen des als Mydria-
ticum weit schwächeren Atropins und macht das erstgenannte

---

[1]) E. H. Weber nach Budge, l. c. S. 182.

[2]) Biffi und Cramer, Het accommodatievermogen 1853, S. 127.

[3]) Ruiter nach Budge, l. c. S. 181 und Nederl. Lancet 1854.

Mittel bei bereits vorhandenen starken Hyperämien erfahrungsmässig wenig verwendbar. Am schnellsten aber, ja
fast unmittelbar verkehrt sich der Krampf der Gefässmuskeln
in Lähmung, wenn die fraglichen Gift in starken Dosen durch
das Blut wirken (S. 59).

Veranlassen die Mydriatica, als Einträufelungen massvoll
benützt, primär eine kräftige Zusammenziehung der Irisgefässe, so ergibt sich als hochwichtiges praktisches Corrollar,
dass der günstige Einfluss, welchen sie bei vorsichtiger Anwendung auf den Verlauf von Regenbogenhautentzündungen und
anderen inneren Ophthalmien nehmen, nicht blos auf der
Immobilisirung des Sphincters und des Ciliarmuskels beruhen
könne; dass ihnen vielmehr eine Stelle unter den wahren Anti-
phlogisticis eingeräumt werden müsse. [1])

Die Myotica, insonderheit die Calabarpräparate, wirken
bei localer Application im Gegensatze zu den Mydriaticis erregend auf die vom Oculomotorius stammenden motorischen
Nerven des Spincters und des Ciliarmuskels. Der Beweis
dessen liegt in der beträchtlichen Erhöhung des Refractionszustandes so wie in der Verengerung der Pupille bis zu
einem Grade, welcher durch alleinige Leitungsunterbrechung
des Irissympathicus nimmer zu erzielen ist, also eine
krampfhafte Contraction des Kreismuskels nothwendig voraussetzt und dies zwar um so mehr, als durch das
Gehirn vermittelte reflectorische und consensuelle Erregungen der
Blendungsnerven während dem Höhestadium der künstlichen Myose
ihren Einfluss auf den Pupillendurchmesser gänzlich verloren
haben.

---

[1]) Ob die Mydriatica bei localer Application nebenbei noch die Erregbarkeit der sensiblen Nerven im Auge vermindern, oder ob die ihnen zuge-
schriebene schmerzstillende Wirkung blos als eine Consequenz der vorerwähnten Leistungen zu gelten hat, muss vorderhand dahin gestellt bleiben.
In Bezug auf das Hyosciamin neigt sich, soweit die Erfolge subcutaner
Injectionen ein Urtheil gestatten, die Wagschale zu Gunsten der ersteren
Ansicht. Uebrigens halten Bezold und Bloebaum nach Versuchen an Fröschen
es für wahrscheinlich, dass starke Vergiftungen die Hautendigungen der sensiblen Nerven lähmen, während vom Stamme noch Reflexe ausgelöst werden
(Centralblatt 1867. S. 564). Nach Meuriot (l. c.) schwindet bei Blutvergiftun-
gen zuerst die Sensibilität, später die Reizbarkeit der motorischen Nerven und
zuletzt die idiomusculare Contractilität.

Es bringt nun aber die Verengerung des Sehloches eine E r-
w e i t e r u n g d e s I r i s s t r o m g e b i e t e s mit sich (S.
63, 71) und diese kann bei der k ü n s t l i c h e n M y o s e nicht blos aus dem
A n t a g o n i s m u s erklärt werden, durch welchen die Erregungszustände der Sphincternerven auf jene der vasomotorischen Blendungsnerven zurückwirken (S. 90), sondern muss auf Rechnung
eines s c w ä c h e n d e n oder l ä h m e n d e n Einflusses gesetzt werden, welchen die Myotica p r i m ä r auf die s y m p a t h i s c h e n
I r i s n e r v e n ausüben. (H i r s c h m a n, R o s e n t h a l [1]), B e r n s t e i n,
D o g i e l [2]). Es geht dies aus den Versuchsresultaten F r a s e r's
(S. 73) und aus dem Umstande hervor, dass die Myose viel
r a s c h e r ihr Maximum e r r e i c h t und auch länger darauf v e r-
h a r r t, als die Erhöhung des R e f r a c t i o n s z u s t a n d e s, was ohne
die Erweiterung der Gefässe nicht leicht zu erklären wäre
(D o n d e r s l. c. S. 521). Von geringerem Gewichte ist, dass
stärkere Dosen des Calabars, in den Bindehautsack geträufelt,
gerne einige H y p e r ä m i e der Bindehaut und Episclera hervorrufen, da hier die c h e m i s c h e Reizwirkung der n i c h t n e u t r a-
l e n Präparate in Betracht kömmt. [3])

Die M y d r i a t i c a sowohl als die M y o t i c a führen bei l o c a-
l e r Anwendung zu den eben geschilderten eigenthümlichen Reactionen im Bereiche des Auges a u c h d a n n, wenn vorläufig der
O c u l o m o t o r i u s s t a m m durch Krankheit oder auf operativem
Wege leitungsunfähig gemacht wurde (R u e t e [4]), D o n d e r s
l. c. S. 498, 521), oder wenn der H a l s s y m p a t h i c u s allein
(B i f f i, C r a m e r l. c. S. 127, D o n d e r s l. c. S. 498, 520) oder
sammt dem T r i g e m i n u s s t a m m e (B u d g e l. c. S. 182, D o n-
d e r s l. c. S. 520) durchschnitten wurde, ja selbst wenn der
S e h n e r v und s ä m m t l i c h e C i l i a r n e r v e n durchtrennt wurden
(B u d g e l. c. S. 182), oder wenn an frisch abgeschnittenen
Köpfen G e h i r n und R ü c k e n m a r k entfernt, oder das Auge
ganz i s o l i r t worden war (R u i t e r l. c., D o n d e r s l. c. S. 497).

Man hat darum angenommen, dass es die p e r i p h e r e n
E n d e n d e r C i l i a r n e r v e n sein müssen, welche von den in den

---

[1]) Hirschmann, Rosenthal, Arch. f. Anat. und Phys. 1863. S. 309—318.
[2]) Bernstein, Dogiel, Centralblatt 1866. S. 453.
[3]) Es liegt nichts vor, was den Myoticis eine directe specifische und
dauernde Einwirkung auf die s e n s i b l e n Q u i n t u s z w e i g e des Auges beizu-
messen erlaubte (D o n d e r s l. c. S. 522.
[4]) Ruete, Klin. Beiträge etc., Braunschweig 1843. S. 250.

Bulbus eingedrungenen Giften erregt oder beziehungsweise gelähmt werden (Bernstein und Dogiel l. c., Rogow l. c. S. 15).
Allein es lässt sich schwer begreifen, wie dasselbe Gift auf die
ganz gleich construirten Nervenenden verschiedener Stämme
in ganz entgegengesetzter Weise (Donders l. c. S. 520) und
auf andere Enden desselben Nervenstammes gar nicht wirken
soll. Es ist nämlich bekannt, dass Einträufelungen der in der
Praxis gebräuchlichen Atropin- oder Calabarlösungen die Function
der äusseren Augenmuskeln nicht im mindesten beirren,
obgleich ein Vordringen der Stoffe bis zu den Enden der betreffenden Nerven mehr als wahrscheinlich ist.

Man neigt sich daher immer mehr zu der Ansicht, dass es
nicht sowohl die Nervenenden selbst sind, welche von den fraglichen Giften in unmittelbarer Weise betroffen werden, sondern
jene Ganglien, welche die Blendungsnerven während ihres
peripherischen Laufes durchschreiten, also das Ganglion
ophthalmicum und vornehmlich jene gangliosen Anschwel-
lungen, welche die Ciliarnerven im Inneren des Auges selber
bilden (C. Krause [1]), H. Müller [2]), Schweigger [3]), Sämisch [4]),
bevor sie sich unter mehrfachen plexusähnlichen Verschlin-
gungen (Donders l. c. S. 486) in den verschiedenen Organen
des Bulbus vertheilen.

In der That fällt die Reactionssphäre der vom Bindehautsacke aus wirkenden Mydriatica und Myotica genau zusammen
mit dem Verzweigungsgebiete der Ciliarnerven oder eigentlich
jener motorischen Faserbündel, welche beim Menschen durch
den Augenknoten und die intraocularen Ganglien gehen. Der
Oculomotorius, dessen sämmtliche Ciliarzweige durch das
Ganglion ophthalmicum laufen, verliert innerhalb dieser Grenzen
die Fähigkeit, Willensimpulse, so wie durch das Gehirn
vermittelte reflectorische und consensuelle Erregungen auf die
Muskeln zu übertragen, ja nach einigen Versuchen soll an gut
atropinisirten Augen sogar durch Reizung des Oculomotoriusstammes innerhalb der Schädelhöhle keine Verengerung

---

[1]) C. Krause, Handbuch der Anat. 2. Aufl. I. S. 526.
[2]) H. Müller, Verhdlg. der Würzb. m. ph. Ges. X. S. 179.
[3]) Schweigger, Arch. f. Ophth. V. 2. S. 216.
[4]) Sämisch, Beiträge zur norm. und path. Anatomie des Auges, Leipzig
1862. S. 26.

der Pupille mehr erzielt werden können (Grünhagen [1]), Bernstein l. c. S. 36). Der Sympathicus hingegen, von dem ein grösserer Theil der Blendungsnerven mit Umgehung des Ganglion ciliare an den Gefässen ins Innere des Bulbus dringt, büsst weder durch Mydriatica noch durch Myotica seinen Einfluss auf die Irismuskeln vollständig ein, indem Reizung seines cervicalen Grenzstranges in einem wie in dem anderen Falle noch eine ganz deutliche Zusammenziehung der Gefässmusculatur veranlasst (Donders l. c. S. 498, 520).

Anderseits kann kein Zweifel darüber obwalten, dass die von jenen Ganglien peripheriewärts abgehenden motorischen Bündel für Reizungen empfänglich bleiben und dieselben im Gegensatze zu den zuführenden Röhren auch auf die Binnenmuskeln übertragen können. Es ist nämlich eine allbekannte Thatsache, dass die durch Atropin ad maximum erweiterte Pupille sich überaus rasch zusammenzieht, wenn das Kammerwasser entleert wird, und nach Bernstein (l. c.) geschieht dasselbe, wenn electrische Ströme auf den Sphincter pupillae geleitet werden.

Ausserdem hat man gefunden, dass die künstlich erweiterte Pupille sich stark verengert, wenn concentrirte Lösungen des Nicotins, wenn Creosot, Höllenstein oder andere kräftige Chemicalien mit der Cornea oder Conjunctiva in Berührung gebracht werden (Rogow l. c. S. 18—29). Sogar das Atropin soll, wenn es in Krystallform auf die Bulbusoberfläche wirkt, primär myotisch wirken und bei Vorhandensein einer künstlichen Mydriase eine vorübergehende Zusammenziehung des Sphincters veranlassen (Rogow l. c. S. 29).

Es liegt nahe, das Ursächliche dieser Erscheinungen in der chemischen Reizung der Theile zu suchen und die veränderten Muskelspannungen aus Reflexen zu erklären, welche von den unmittelbar ·betroffenen sensiblen Nerven auf die motorischen Blendungsröhren wirken, besonders wenn man in Anschlag bringt, dass auch krankhafte Erregungen der vom Quintus stammenden Ciliarnerven ganz ähnliche Reactionen im Gefolge haben. Sieht man doch täglich, dass das Atropin bei Bestand heftiger Ciliarreizungen, wie selbe insbesondere manche Formen der Keratitis zu begleiten pflegen, ausser Stand ist, die Pupille zu erweitern, ja dass eine bereits erzielte künstliche

---

[1] Grünhagen Virchow's Archiv, 30. Bd. S. 514.

Mydriase unter der Entwickelung intensiver Ciliarreizungen trotz energischer Fortsetzung des Atropingebrauches sich rasch ver- mindert und sogar in Myosis verkehrt.

Fügt man zu allem dem hinzu, dass complete Leitungs- unterbrechung des Oculomotoriusstammes das Verhalten der künstlich erweiterten Pupille gegen- directe und reflectirte Reizun- gen der motorischen Blendungsnerven nicht ändert und dass die Entleerung des Kammerwassers so wie die Reizung der sensiblen Bulbusnerven durch Chemicalien auch nach Durch- schneidung des Trigeminusstammes, weiters an frisch getödteten Thieren nach Aufhören der vom Gehirn vermittel- ten Reflexe, ja sogar an frisch exstirpirten Augen (Rogow l. c. S. 18, 20, Grünhagen ibid. S. 4, 21) eine starke Ver- engerung der vorläufig durch Atropin erweiterten Pupille verur- sachen: so kömmt man nothwendig zu dem Schlusse, dass die im Inneren des Bulbus gelegenen Ganglien als Centra fungiren müssen, durch welche Erregungszustände der Gefühls- nerven auf die motorischen Blendungsröhren reflectirt werden können, ohne dass das Gehirn und Rückenmark dabei be- theiligt wären.

Man muss aber auch annehmen, dass diese Reflexe nicht blos die vom dritten Paare stammenden, sondern auch die dem Sympathicus zugehörigen Röhren treffen, da bei Reizung der sensiblen Quintusfasern durch Chemicalien · der Einfluss des cervicalen Grenzstranges auf die Bewegungen der Iris fast gänzlich, unter Umständen sogar vollständig aufgehoben wird, so dass weder die electrische Reizung des Halssympathi- cus, noch die Reizung seiner cerebralen Ursprünge durch im Blute angehäufte Kohlensäure die Pupille zu erweitern im Stande ist [1] (Rogow l. c. S. 31).

Als praktisches Schlussergebniss lassen sich nun in Bezug auf die Wirkung der Mydriatica und Myotica

---

[1] Dem Ausbleiben der Pupillenerweiterung nach Entleerung des Kammer- wassers (Grünhagen, Virchow's Archiv, 30. Bd. S. 112) kann nicht die gleiche Bedeutung zugemessen werden, da mechanische Widerstände die Reaction auf jene Reizungen erschweren oder verhindern. In der That haben Völckers- Hensen (l. c. S. 20) durch Versuche dargethan, dass die Iris nach Wegnahme der Cornea auf Reizung ihrer Nerven wieder reagire, wenn das Auge unter Wasser gesetzt wird und so eine zwischen Iris und Linse eindringende Flüssigkeitsschichte die Reibung beseitigt.

folgende Sätze formuliren und auf die Innervationsverhältnisse der Iris überhaupt beziehen:

1. Die Mydriatica und Myotica, als Einträufelung appli-
cirt, wirken hauptsächlich auf das ciliare Gangliensystem.

2. Dasselbe verliert durch die Mydriatica 'die Fähigkeit,
Nervenströme durchzulassen, welche von den centralen Stücken
der ciliaren Oculomotoriuszweige dahin geleitet worden
sind; bleibt aber für directe und von den sensiblen Quintus-
endzweigen überkommene Reizungen empfänglich und vermag
dieselben mit ungeschwächter Kraft auf die von ihm abgehenden motorischen Endzweige zu übertragen, also den Sphincter
und Ciliarmuskel zu Contractionen zu bestimmen, verhält sich demnach analog, wie bei completer Leitungsunterbrechung des Oculomotoriusstammes. Die sympathischen Röhren dagegen ver-
lassen die von Mydriaticis beeinflussten Ganglien im Zustande
vermehrter Erregung, ohne dass der functionelle Zusammenhang mit den cerebralen Ursprüngen gelockert worden wäre,
ja dessen Unterbrechung durch Trennung des Halssympathicus schwächt die Reaction in auffälligem Grade (Biffi, Cramer l. c. S. 127, Donders l. c. 498). Leichte Reizungen der
sensiblen Trigeminusendzweige mögen den Grad der Erregung
in den terminalen Sympathicusverästelungen durch Vermittelung
der Ganglien steigern, starke Reize jedoch verkehren ihn
in Lähmung und nehmen den Ganglien die Fähigkeit der
Leitung für Nervenströme, welche in dem Grenzstrange oder in
dessen Centris angeregt worden sind. Die durch Mydriatica be-
wirkte Functionsstörung der Ganglien äussert sich demnach in
den sympathischen und Oculomotorius-Röhren in vollkommen
entgegengesetzter Weise. Die sensiblen Trigeminusfasern
werden in ihrer centripetalen Leitung nicht merkbar beirrt.

3. Die Myotica wirken durch das Gangliensystem
des Auges erregend auf die ciliaren Endverzweigungen des
dritten Paares und heben innerhalb deren Grenzen den Einfluss
der durch das Gehirn vermittelten Nervenströme auf [1]).

--- --- ---

[1]) Donders (l. c. S. 521) fand bei completer Lähmung des dritten
Paares nach Calabareinträufelungen die charakteristische Reaction von normaler
Stärke. In einem von mir beobachteten Falle blieb sie nach Einlegung eines
Stückes von Calabarpapier bedeutend zurück, war jedoch etwas stärker am
zweiten Auge, wo neben unvollständiger Oculomotoriuslähmung der Quintus
fast complet paralysirt war.

7*

Dagegen s c h w ä c h e n oder l ä h m e n sie durch ihren Einfluss auf die genannten Ganglien die daraus hervorgehenden s y m p a t h i - s c h e n C i l i a r n e r v e n, o h n e j e d o c h die Leitung zwischen deren terminalen Verästelungen und den c e n t r a l e n U r s p r ü n - g e n im Gehirne wesentlich zu s t ö r e n. Die Function der ciliaren Q u i n t u s ä s t e wird durch sie w e n i g oder n i c h t b e i r r t.

Druck von Adolf Holzhausen in Wien
k. k. Universitäts-Buchdruckerei.

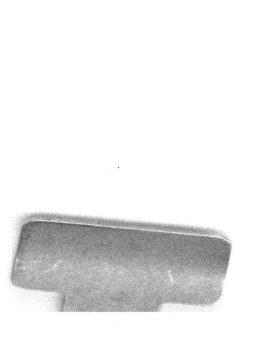

CPSIA information can be obtained
at www.ICGtesting.com
Printed in the USA
BVHW061026280819
556943BV00024B/3676/P